자녀와 함께 드리는
자녀축복기도문

자녀와 함께 드리는
자녀축복기도문

한기채 지음

토기장이

추천의 글

깊은 영성의 샘에서 길어 올린 기도문

『자녀축복기도문』은 자녀를 사랑하고 축복하길 원하는 모든 부모님을 위한 책입니다. 한기채 목사님께서 성령님의 도우심을 받아, 진주보다 값진 또 한 권의 책을 이 세상에 탄생시켰습니다. 저자이신 한 목사님은 기도의 삶을 살아온 분입니다. 기도의 비밀을 알고, 기도의 능력을 알고, 기도 응답을 수없이 받아온 분입니다. 그리고 기도를 통해 두 자녀를 훌륭하게 키운 분입니다.

이 책에는 자녀를 향한 성스러운 사랑이 가득 담겨 있습니다. 자녀가 하나님을 기쁘시게 하며, 하나님께 영광을 돌리는 삶을 살기를 원하는 소원이 담겨 있습니다. 자녀가 이기적이며 방탕한 삶을 사는 것이 아니라, 하나님을 경외하며 이웃을 섬기는 삶을 살기 위한 갈망이 담겨 있습니다. 자녀가 아름다운 성품과 함께 탁월한 역량을 발휘하기를 소원하는 열망이 담겨 있습니다.

이 책은 기도의 대상이 누구이며, 어떤 내용으로 기도해야 할지를 가르쳐 줍니다. 부모가 자녀를 위해 왜 기도해야 하며, 무엇을 간구해야 하며, 어떻게 중보해야 하는가를 가르쳐 줍니다.

이 책은 저자가 하나님께 올려 드린 기도이며, 깊은 영성의 샘에서 길어 올린 거룩한 기도의 언어입니다. 그래서 이 기도 속에 말씀이 담겨 있고, 위로부터 임한 지혜가 담겨 있고, 따뜻한 사랑이 담겨 있습니다. 자녀를 향한 애절한 눈물이 담겨 있습니다.

저자는 이 책에서 자녀를 위한 축복기도문이 어떤 말씀에 근거했는지를 매 기도마다 소개해 줍니다. 말씀에 뿌리를 둔 기도가 얼마나 아름다운지, 얼마나 기쁨을 주는지, 얼마나 소망을 주는지를 보여주는 책입니다. 이 기도문은 기도하는 마음으로 읽을 뿐만 아니라 기도를 드리면서 읽어야 합니다. 영혼은 하나님을 향하고, 마음에는 사랑하는 자녀를 품고, 입술은 기도의 언어를 읊조리며 하나님께 올려 드리는 기도여야 합니다.

저는 소중한 「자녀축복기도문」을 자녀를 위해 기도를 드릴 때 어떤 내용으로 기도를 드리면 좋을지를 배우고 싶은 부모님들에게 추천하고 싶습니다. 부득이한 연고로 혼자서 자녀를 키우고 있는 싱글 어머니와 아버지께 추천하고 싶습니다. 또한 자신이 섬기는 성도님들에게 자녀를 위해 축복기도를 드리는 법을 가르치기 원하는 사역자들에게 추천하고 싶습니다. 이 책은 자녀를 위해 기도하다가 부모도 더불어 복을 받게 되는 영적인 책입니다. 그래서 진주보다 값진 책입니다.

L.A. 새생명비전교회 담임목사
강준민

들어가는 글

기도로 유산을 남기는 부모

저는 목사이지만 제 우선적인 관심은 설교보다 기도입니다. 저는 설교 잘하는 목사보다는 기도 많이 하는 목사로 기억되고 싶습니다. 저는 사람들 앞에 서기 전에 하나님 앞에 서야 한다고 생각합니다. 설교는 사람에게 하나님의 말씀을 전하는 영광스러운 것이지만, 기도는 사람을 위하여 하나님께 말씀을 드리는 위대한 것입니다. 그래서 설교보다 기도가 우선입니다. 진정한 사역은 설교보다 기도에서 많이 이루어집니다. 그리고 목회자에게도 교회보다 가정이 우선입니다. 자신의 가정을 믿음으로 이끌지 못한다면 교회를 이끌 수 없습니다. 목회자가 가정과 삶을 통해 보여주지 못한다면 사역이 사업이 될 수 있습니다.

저는 지난달 안식하는 시간을 얻어 이제는 장성하여 뉴욕 맨해튼에서 직장생활을 하고 있는 아이들을 방문하여 그들과 함께 시간을 보내면서 이 기도문을 집필하였습니다. 혼자 공원 벤치에 앉아서, 숲 속을 산책하면서, 강변을 거닐면서, 오래된 교회에 들어가서, 매일 주어진 말씀을 외우고 묵상하며 이 기도문을 썼습니다. 기도문을 쓰는 동안 제 영혼이 풍요로워졌고 이 일 자체로 매일의 양식이 되었습니다. 사실 제 아이들은 제 기대보다도, 심지어 제가 기도하지 않은 영역에서도 훌륭하게 자랐습니다. 그것은 모두 하나님의 은혜입니다. 이것은 제가 기도에 빚을 졌다는 것을 알려 주었습니다. 저에게 아이들을 위해 드려야 할 기도가 더 많이 남아 있음을 가르쳐 주었습니다. 기도를 미리 가불하여 쓴 셈입니다. 그만큼 채워야 할 기도가 많았습니다.

저는 「태아축복기도문」(토기장이)에서 '기도는 예언'이라고 했습니다만, 이번에 기도문을 쓰면서는 기도는 '미래로 향할 뿐만 아니라 과거를 향하여서도 간다'는 사실을 알게 되었습니다. 하나님은 영원이시기 때문에 하나님 안에는 과거·현재·미래가 다 들어 있습니다. 기도가 과거를 향한다는 말뜻은 제 아이들이 어렸을 때 미처 구하지 못했던 것들, 그런데도 이미 주어진 것들에 대해서 기도를 드린다는 것입니다. 응답이 먼저고 기도가 나중인 셈입니다. 하나님은 은혜로우십니다.

기도는 인간이 할 수 있는 최고의 행위입니다. 부모가 자녀에게 줄 수 있는 최고의 유산도 기도입니다. 성경의 부모들은 자녀에게 유형의 유산보다는 무형의 유산을 남기기를 힘썼고, 그 무형의 유산은 믿음, 지혜, 성품, 그리고 기도 같은 것이었습니다. 아브라함, 이삭, 야곱, 모세, 이런 믿음의 사람들은 자녀들을 위한 축복 기도를 유산으로 남겼습니다. 오늘 우리도 이런 기도가 있었기에 이렇게 살고 있습니다. 우리는 얼마나 많은 기도의 빚을 졌습니까? 이제 그 빚을 갚아야 할 때입니다. 위대한 인물 뒤에는 어머니의 위대한 기도가 있었습니다. 애이브러햄 링컨 대통령은 어머니 낸시Nancy에 대해 이렇게 말했습니다.

"나는 어머니의 기도를 기억한다. 그 기도는 항상 나를 따라다녔고 평생 나와 함께 했다."

기도는 우리의 가장 확실한 미래입니다. 기도 가운데 우리는 미래를 앞당겨 상상하고 살아봅니다. 이것이 우리의 믿음입니다. 기도는 우리 아이들의 미래입니다. 기도는 아이들의 인생 열차가 달릴 수 있도록 레일을 까는 것입니다. 아이들이 나아갈 길을 포장하는 것입니다. 아이들은 결국 우리가 깔아놓은 기도의 길을 갑니다. 하나님도 기도에 응답하시지만 아이들도 삶으로 우리의 기도에 응답합니다. 아이들도 기도에 응답하기 때문에 혼자서도 은밀하게 아이들을 위해 기도해야 되지만, 아이들과 함께, 아이들이 잘 알아들을 수 있도록 분명하게 기도할 필요가 있습니다. 다시 강조하지만, 아이들은 부모가 기도한 대로 삽니다.

제가 우리 아이들에게 했던 일 가운데 가장 잘한 일은, 새벽기도 마치고 집에 돌아와 아직도 잠자리에 있는 아이들의 머리에 손을 얹고 기도했던 일입니다. 아이들은 잠결에 기도를 들으며 일어나 "아멘"으로 화답했습니다. 아이들은 그 때의 그 기도를 기억하고 있고, 지금도 그 기도에 응답하는 삶을 살고 있습니다. 그런 기도를 들었던 아이들은 확신하고 있습니다.

"나는 소중한 존재다. 나는 사랑받고 있다. 나는 어디를 가든지 하나님의 날개 아래 있다. 나는 복이 있는 사람이다. 나는 무엇을 해도 승리한다. 멋진 미래가 나를 기다리고 있다."

새벽이나 아침에 자녀들이 부모의 기도를 들으면서 하루를 시작하게 해주십시오. 기도로 자신을 인식하며, 기도로 인생을 살아가며, 기도로 장래를 꿈꾸게 해주십시오. 자신이 얼마나 귀한 존재이며, 얼마나 사랑 받는 자녀인 것을 기도로 알게 해주십시오. 간절한 마음으로 기도하면, 눈물로 기도하면, 아이도 그 기도가 이루어지기 위해 노력합니다. 당신에게는 하나님이 주신 축복권이 있습니다. 그것을 활용하십시오. 자녀에게 사랑한다고, 자랑스럽다고, 믿는다고 말하십시오. 믿음으로 다음과 같이 말해주십시오.

"내가 한 일 중에 가장 위대한 일은 너를 낳은 것이다. 네 부모인 것이 자랑스럽다. 너는 아주 특별하다. 너를 생각할 때마다 감격과 감사가 넘친다. 너는 하나님이 기뻐하시는 하나님의 자녀다. 너는 위대한 삶을 살 것이다. 너는 축복의 통로다. 나는 너를 믿는다."

축복은 말로 표현하기까지는 복이 아닙니다. 사랑도 말로 표현하기까지는 사랑이 아닙니다. 감사도 말로 표현하기까지는 감사가 아닙니다. 기도는 하나님의 은혜를 받는 손입니다. 저도 당신의 자녀를 축복합니다.

"그들은 하나님의 섭리 가운데 태어났으며 삶의 목적이 분명합니다. 그들은 지혜, 총명, 용기, 능력, 풍요로움을 복으로 받았습니다. 그들은 강한 의지와 자기 정체성, 아름다운 성품을 복으로 받았습니다. 그들은 화목한 가족과 멋진 친구, 건강, 귀한 믿음, 은혜, 비전을 복으로 받았습니다. 그들은 무슨 일을 하든지 승리하고 번영할 것입니다."

하나님의 약속을 붙들고 하는 기도가 되도록 기도 제목마다 '붙들 말씀'을 제시하였고, 말씀 가운데 응답을 찾을 수 있도록 '응답 말씀'을 기도 뒤에 배치하였습니다. 붙들 말씀은 성경 가운데 암송할 수 있는 요절로서 172절을 엄선했습니다. 이 말씀만이라도 암송한다면 말씀이 아이의 인생에 길이 되고 빛이 될 것입니다. 별도로 암송구절을 소지하고 다니면서 외우고 묵상하면 좋겠습니다. 각 장을 시작할 때에는 가정 예배를 드릴 수 있도록 꾸몄습니다. 그리고 모든 기도문은 열린 기도로 구성되어 있는데, '부모님의 기도'를 읽고 나서 여러분이 추가로 기도드릴 수 있게 만들었습니다. 그래서 "예수님의 이름으로 기도합니다. 아멘"은 생략했습니다. 부모님이 필요하다고 생각되는 사항들을 첨가하여 기도하시고 예수님의 이름으로 마치시면 됩니다.

이 기도문에 영감을 더해준 중앙성결교회 교역자들과 중앙 마더와이즈 2기 어머니들에게 감사드립니다. 이 기도보다도 더 위대한 삶을 살게 될 아이들의 미래를 상상하면 벌써 행복해집니다. 이 기도문의 열매를 모두 다 보게 될 것입니다.

중앙성결교회 기도실에서
한기채

차례

추천의 글 • 들어가는 글

1장 : 영성을 위한 기도 • 013
묵상 • 기도 • 찬송 • 말씀 • 예배 • 회개 • 순종 • 믿음 •
드림 • 성령 • 은사 • 전도 • 성결 • 홀로 있음 • 단순한 삶

2장 : 축복을 비는 기도 • 033
행복 • 평안 • 형통 • 번성 • 명성 • 기쁨 • 응답 • 인도 • 생명 • 만족

3장 : 성품을 위한 기도 • 047
사랑 • 화평 • 인내 • 긍휼 • 충성 • 온유 • 절제 • 겸손 •
배려 • 정직 • 진실 • 양심 • 용기 • 열정 • 자족 • 품위 • 관용

4장 : 관계를 위한 기도 • 069
임재 • 가정 • 부모 • 형제 • 친구 • 이웃 • 스승 • 교회 •
환대 • 화목 • 협동 • 나라사랑 • 질서 • 리더십 • 자연

5장 : 안전을 위한 기도 • 089
고난 • 환난 • 시험 • 정욕 • 질병 • 재난 • 유혹 • 불안 • 염려 • 불평 • 핍박 • 대적

6장 : 승리를 위한 기도 • 105
소망 • 도움 • 훈련 • 치유 • 능력 • 결단력 • 자신감 • 성취 • 경험 • 지위 • 모범

7장 : 사명을 위한 기도 • 121
하나님 나라 • 제자 • 소명 • 비전 • 직업 • 사역 •
재능 • 섬김 • 돌봄 • 헌신 • 동역 • 정의

8장 : 지혜를 위한 기도 · 137

언어 · 마음 · 만남 · 재물 · 시간 · 슬기 · 분별력 ·
포용력 · 실행력 · 가치관 · 우선순위 · 소통

9장 : 학습을 위한 기도 · 153

배움 · 직관 · 영감 · 총명 · 집중력 · 기억력 ·
창의력 · 상상력 · 인성 · 지성 · 예능 · 어휘력

10장 : 습관을 위한 기도 · 169

경건 · 말씀 암송 · 선행 · 긍정 · 감사 · 경청 ·
동행 · 안식 · 독서 · 예절 · 근면 · 구제

11장 : 건강을 위한 기도 · 185

아름다움 · 체력 · 영양 · 성장 · 성숙 · 감성 ·
단정함 · 청결 · 면역력 · 생명력 · 장수 · 평강

12장 : 특별한 경우에 드리는 기도 · 201

생일 · 시험을 볼 때 · 신학기를 시작할 때 · 방학을 할 때 · 수련회를 떠날 때 · 대회 출전을 할 때 · 아플 때 · 슬플 때 · 낙심했을 때 · 우울할 때 · 과도하게 게임에 빠질 때 · 텔레비전 시청이 많을 때 · 주의가 산만할 때 · 틱이나 고쳐야 할 습관을 위해 · 따돌림을 당했을 때 · 거부당했을 때 · 진로를 찾기 위한 기도 · 수능을 위한 기도 · 성탄절에 드리는 기도 · 부모를 위한 아이의 기도

나가는 글

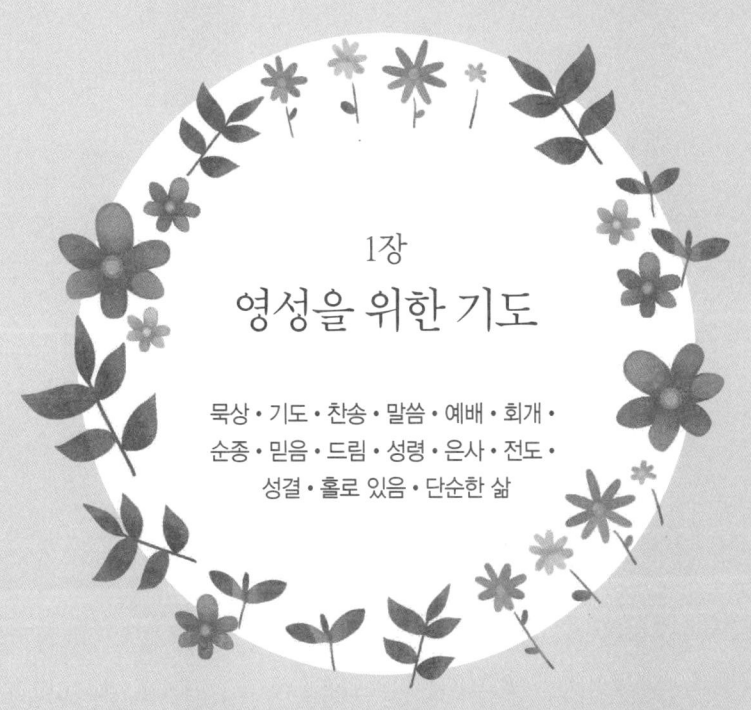

1장
영성을 위한 기도

묵상 • 기도 • 찬송 • 말씀 • 예배 • 회개 •
순종 • 믿음 • 드림 • 성령 • 은사 • 전도 •
성결 • 홀로 있음 • 단순한 삶

"이 율법책을 네 입에서 떠나지 말게 하며 주야로 그것을 묵상하여 그 안에 기록된 대로 다 지켜 행하라 그리하면 네 길이 평탄하게 될 것이며 네가 형통하리라" 여호수아 1:8.

자녀와 함께 드리는 예배
건강한 영성을 지니게 하소서

찬송 540장(통 219장) 주의 음성을 내가 들으니

말씀봉독 "우리가 이것을 말하거니와 사람의 지혜의 가르친 말로 아니하고 오직 성령께서 가르치신 것으로 하니 영적인 일은 영적인 것으로 분별하느니라" 고전 2:13.

메시지 우리는 하나님의 자녀이기 때문에 무엇보다 먼저 하나님과의 관계를 통해서 영혼이 건강해져야 합니다. 세상 사람들은 외모 등 보이는 부분을 지나치게 꾸미지만 성도들은 우선적으로 내면의 아름다움을 가꾸어야 합니다. 우리의 내면은 하나님과의 깊은 만남을 통하여 나날이 성숙해집니다. 성령님의 인도하심 아래서 하나님과의 관계를 아름답게 가꾸어 가는 것이 영성입니다. 육체적으로도 건강하고, 정신적으로도 지혜로워야 하지만, 성령님 안에서 충만한 영성을 소유해야 합니다. 말씀 묵상과 말씀 암송, 기도, 그리고 영적 훈련을 통하여 우리의 영성은 성장하고 성숙합니다. 영성을 위한 기도를 통해서 우리의 영혼이 밝고 깨끗하고 온전한 사람이 되기를 소망합니다.

기도 영혼의 주인이신 하나님 아버지,

우리 아이가 평생을 하나님을 알고 하나님을 사랑하고 하나님과 소통하면서 살게 하소서. 성령이 충만한 아이로, 항상 성령님의 인도하심을 받는 아이가 되게 하소서. 먼저 영혼이 잘 되게 하시고, 영혼이 잘 됨같이 범사가 잘 되고, 정서적으로도 건강하고, 육체도 건강한 아이가 되게 하소서.

사무엘이 하나님의 음성을 들으면서 신령한 사람으로 세워진 것처럼 우리 아이도 하나님의 음성을 들으면서 그 은혜 안에서 영 혼 육 모두가 온전하게 자라게 하소서. 말씀과 기도와 찬양과 예배를 통하여 하나님과의 관계가 더욱 깊어지고 친밀해지게 하소서. 그래서 맑은 영성을 소유한 신령한 하나님의 자녀가 되게 하소서.

예수님의 이름으로 기도드립니다. 아멘.

"아기가 자라며 강하여지고 지혜가 충만하며 하나님의 은혜가 그이 위에 있더라"눅 2:40.

묵상 말씀을 주야로 묵상하게 하소서

"오직 여호와의 율법을 즐거워하여 그의 율법을 주야로 묵상하는도다" 시 1:2.

말씀으로 온 세계를 창조하신 하나님,
우리 아이가 아침에 눈을 뜰 때, 하나님의 말씀으로 하루를 시작하게 하소서. 우리 아이가 하루를 시작하는 시간부터 잠자리에 들 때까지 하나님의 말씀에 붙들리게 하소서. 오직 하나님 말씀을 기뻐하고, 하나님 말씀에 사로잡혀, 하나님 말씀이 공급하는 능력과 지혜를 얻게 하소서. 하나님의 말씀 가운데서 참된 양식을 얻으며, 참 기쁨과 평안을 누리게 하소서.
하나님의 말씀이 아이가 세상을 보는 관점이 되게 하시고, 말씀으로 세상을 해석하고, 세상을 필터링할 수 있게 하소서. 자신을 항상 말씀에 비추어 보게 하시고, 말씀으로 인도함을 받는 자녀가 되게 하소서. 오직 하나님의 말씀으로 무장하여 악한 세상에서 빛과 소금의 역할을 감당하게 하소서. 다윗처럼 말씀을 주야로 묵상하여 모든 일이 형통하게 하소서.

"이 율법책을 네 입에서 떠나지 말게 하며 주야로 그것을 묵상하여 그 안에 기록된 대로 다 지켜 행하라 그리하면 네 길이 평탄하게 될 것이며 네가 형통하리라" 수 1:8.

기도 매사를 기도로 시작하게 하소서

"구하는 이마다 받을 것이요 찾는 이는 찾아낼 것이요 두드리는 이에게는 열릴 것이니라" 마 7:8.

우리의 기도를 들으시는 하나님,
사랑하는 우리 아이가 영적 호흡인 기도를 쉬지 않으므로 영적으로 건강하게 하시고, 기도로 하나님과 친밀하게 영적인 교제를 나누며 살게 하소서. 기도 가운데 내려주시는 온갖 귀한 것들을 받게 하시고, 나아가야 할 길을 찾게 하시며, 기회의 문이 열리게 하소서. 하나님의 풍성함을 따라 도우시고 채우시고 이끄시는 은혜를 늘 경험하게 하소서.
우리 아이가 다니엘과 느헤미야처럼 기도의 사람이 되게 하셔서 하나님의 뜻을 깨닫고 그 뜻을 이루는 삶을 살게 하소서. 깊은 기도의 영성을 주셔서 기도로 계획하고, 기도로 시작하고, 기도로 진행하면서, 기도로 하나님께 영광을 돌리게 하소서. 기도하는 가운데 아이의 안목이 열리게 하시고, 하나님이 주시는 비전을 보게 하소서. 인생의 기쁨과 행복뿐 아니라 어려움과 시험 가운데서도 항상 기도로 승리하게 하소서.

"나의 하나님이 그리스도 예수 안에서 영광 가운데 그 풍성한 대로 너희 모든 쓸 것을 채우시리라" 빌 4:19.

찬송 언제나 찬송하는 삶을 살게 하소서

"그러므로 우리는 예수로 말미암아 항상 찬송의 제사를 하나님께 드리자 이는 그 이름을 증언하는 입술의 열매니라" 히 13:15.

찬양 받기에 합당하신 하나님,
귀하고 사랑스러운 아이를 저희에게 맡겨주심을 감사 찬양합니다. 우리 아이가 하나님께서 영광 받으시기 위해 자신을 지었다는 것을 알게 하셔서, 하나님의 이름을 언제 어느 곳에서나 높여드리는 아이가 되게 하소서. 아이의 생활과 학업과 장래의 일들을 통해서도 영광을 받으시고, 몸과 마음과 입술로도 찬양을 받으소서.

다윗처럼 아름다운 시와 악기로 하나님을 찬양할 수 있는 재능을 주시고, 찬송하는 것을 즐거워하여 자신의 귀한 목소리로 하나님이 하신 일들을 날마다 찬양하게 하소서. 아이가 찬양할 때 그 찬양이 하나님께 올려드리는 기도가 되어 하나님의 영광이 나타나고, 하나님의 능력이 임하고, 하나님이 주시는 승리를 얻게 하소서. 언제나 창조주이신 하나님께 감사하며 찬송하는 믿음의 사람이 되게 하소서.

"여호와를 영원히 찬송할지어다 아멘 아멘" 시 89:52.

말씀 삶에 말씀을 적용하게 하소서

"모든 성경은 하나님의 감동으로 된 것으로 교훈과 책망과 바르게 함과 의로 교육하기에 유익하니" 딤후 3:16.

말씀으로 사람을 키우시는 하나님,
하나님께서 말씀하신 대로 이 세상이 만들어진 것처럼, 하나님의 말씀대로 우리 아이가 자라나게 하소서. 하나님의 말씀으로 생명의 양식을 삼고, 하나님의 말씀을 삶의 기준으로 삼아 살게 하소서. 하나님 말씀에 정통한 사람이 되게 하시고, 말씀에 약속되어 있는 모든 복을 누리게 하소서. 말씀이 없어 어두운 곳을 헤매지 않게 하시고, 말씀을 몰라 방향 없이 살지 않게 하소서. 하나님의 말씀이 우리 아이가 걸어갈 길의 빛이 되고 생명이 되게 하소서.

어려서부터 하나님의 말씀을 사랑함으로 잘 받아들이게 하시고, 말씀 안에서 가르침을 받아 온전한 사람이 되게 하소서. 하나님의 말씀을 묵상함으로 매일 함께 하시는 하나님을 경험하게 하시고, 하나님의 말씀에 순종함으로 하나님을 기쁘시게 하는 자녀가 되게 하소서.

"갓난 아기들 같이 순전하고 신령한 젖을 사모하라 이는 그로 말미암아 너희로 구원에 이르도록 자라게 하려 함이라" 벧전 2:2.

예배 하나님이 찾으시는 예배자가 되게 하소서

"하나님은 영이시니 예배하는 자가 영과 진리로 예배할지니라" 요 4:24.

참된 예배자를 찾으시는 하나님,
우리 아이가 평생 하나님을 예배하는 예배자로 살게 하심을 감사합니다. 인생의 가장 귀한 것들이 참된 예배를 통하여 하나님 아버지께로부터 오는 것을 믿게 하소서. 신령한 예배로 전능하신 하나님을 만나고 하나님의 말씀을 들을 수 있게 하소서. 무엇보다 먼저 예배의 성공자가 되게 하소서. 하나님이 받으실 만한 예배로 하나님께 영광을 돌리게 하시고, 하나님이 주시는 풍성한 복을 누리게 하소서. 예배 시간에 하나님과 영적으로 서로 친밀하게 교통하게 하소서.
하나님께 올려드리는 찬양과 기도와 헌금에 마음과 뜻과 생명이 담겨 있게 하시고, 하나님이 주시는 말씀에 순종하여 예배 시간에 변화가 일어나게 하소서. 참된 예배를 통하여 은혜와 감동과 영감과 능력을 받게 하시고, 다윗과 같이 하나님을 기쁘시게 하는 예배자가 되게 하소서.

"아버지께 참되게 예배하는 자들은 영과 진리로 예배할 때가 오나니 곧 이 때라 아버지께서는 자기에게 이렇게 예배하는 자들을 찾으시느니라" 요 4:23.

영성을 위한 기도

회개 깨끗한 심령을 가지게 하소서

"우리가 스스로 우리의 행위들을 조사하고 여호와께로 돌아가자" 애 3:40.

우리를 용서하시는 하나님,
우리 아이가 하나님의 말씀에 어긋나는 행동을 하였을 때 즉시 하나님 앞에 회개하게 하소서. 성령님께서 아이의 마음에 가르쳐 주셔서 아이가 깨닫고 하나님의 긍휼하심을 구하게 하소서. 예수님께서 우리의 죄를 용서해주시기 위해 십자가에서 우리의 죄를 담당하셨으니, 우리가 회개함으로 용서를 받게 하소서. 하나님은 죄를 통회하고 죄 때문에 마음 아파하는 사람을 기뻐하신다고 했습니다. 비록 잘못은 했지만 변명을 하거나 마음을 완악하게 하여 고집을 부리지 말고 하나님께 진심으로 회개하여 용서를 받게 하소서. 하나님께 회개한 사람답게 다음에는 똑같은 잘못을 하지 않게 하시고, 하나님께서 우리의 약함을 아시니 죄로부터 아이를 지켜 주소서. 예수님의 십자가의 피로 우리 아이의 마음을 씻어 주셔서 항상 깨끗한 심령으로 살게 하소서.

"회개하라 천국이 가까이 왔느니라 하였으니" 마 3:2.

순종 범사에 순종하여 복을 받게 하소서

"하나님의 약속은 얼마든지 그리스도 안에서 예가 되니 그런즉 그로 말미암아 우리가 아멘 하여 하나님께 영광을 돌리게 되느니라" 고후 1:20.

놀라운 약속의 상속자로 이끄시는 하나님,
우리 아이가 하나님께 순종함으로, 지각에 뛰어나신 하나님의 놀랍고 새로운 일을 경험하게 하소서. 하나님이 주시는 말씀을 의심 없이 '아멘'으로 받고 실천함으로, 하나님의 기적을 보게 하소서. 말씀에 순종함으로 자신의 세계가 넓어지고, 자신의 한계를 뛰어넘을 수 있는 능력을 얻게 하소서.
예수님은 하나님의 아들이시지만 순종함을 배워 온 인류를 구원하신 것처럼, 우리 아이도 순전한 마음으로 하나님께 순종하여 하나님의 위대한 일을 이루는 사람이 되게 하소서. 부모님의 말씀에도 순종하여 하나님이 약속하신 복을 받게 하시고, 하나님이 세우신 권위에 순종하여 하나님이 높여 주시는 사람이 되게 하소서.

"한 사람이 순종하지 아니함으로 많은 사람이 죄인 된 것 같이 한 사람이 순종하심으로 많은 사람이 의인이 되리라" 롬 5:19.

믿음 산을 옮길 만한 큰 믿음을 주소서

"그러므로 믿음은 들음에서 나며 들음은 그리스도의 말씀으로 말미암았느니라" 롬 10:17.

금보다 더 귀한 믿음을 주신 하나님,
우리 아이가 보이지 않는 하나님을 보는 것처럼 믿을 수 있는 확실한 믿음을 주신 것을 감사합니다. 우리 아이의 생애가 믿음으로 만들어 내는 풍성한 역사를 경험하게 하소서. 믿음이 없이는 하나님을 기쁘시게 하지 못한다고 하셨으니, 하나님이 항상 함께하신다는 믿음과 예수님의 보혈로 구원을 받았다는 확신, 그리고 하나님께서 주실 상급을 기대하는 믿음을 주소서. 믿음을 실생활에 활용함으로 믿음이 나날이 더욱 커지게 하시고, 믿음이 만들어 내는 기적을 보게 하소서. 하나님이 주시는 믿음의 담력을 가지고 담대하게 하나님의 보좌 앞으로 나아가게 하소서. 믿음의 조상 아브라함을 본받아 하나님이 이끄시는 곳으로 믿음으로 나아가 새로운 세계를 열게 하시고, 여호수아처럼 담대한 믿음으로 약속의 땅을 앞장서서 차지하게 하소서. 믿음의 은사도 주셔서 하나님의 기쁘신 뜻을 위하여 위대한 일을 이루는 믿음의 사람이 되게 하소서.

"우리가 그 안에서 그를 믿음으로 말미암아 담대함과 확신을 가지고 하나님께 나아감을 얻느니라" 엡 3:12.

드림 하나님께 헌신된 삶을 살게 하소서

"그러므로 형제들아 내가 하나님의 모든 자비하심으로 너희를 권하노니 너희 몸을 하나님이 기뻐하시는 거룩한 산 제물로 드리라 이는 너희가 드릴 영적 예배니라" 롬 12:1.

이 세상 무엇보다 우리를 기뻐하시는 하나님,
사랑하는 우리 아이가 먼저 자기 자신을 하나님께 드림으로 하나님의 뜻을 알게 하시고, 하나님께 드려진 살아 있는 제물로서의 삶을 살게 하소서. 우리가 가진 모든 것이 하나님께로부터 온 것임을 깨달아 온 마음으로 하나님께 감사를 표현할 수 있는 아이가 되게 하소서. 우리의 시간, 물질, 건강, 지위, 지식 모두를 하나님께 드려, 하나님과 하나님이 기뻐하시는 일을 위해 쓰게 하소서. 드림의 기쁨을 알아 즐겁게 드리게 하시고, 드림의 기적도 일어나 더욱 풍성하게 드릴 수 있게 하소서.
우리를 위해 십자가에서 모든 것을 주신 예수님의 사랑에 감사하며, 우리 아이가 하나님께 자원하여 드리고, 어려운 이웃들에게도 기쁨으로 나누는 믿음을 갖게 하소서. 하나님께서 찾으시는 가장 좋은 것은 자기 자신임을 깨달아 자신을 드리게 하소서.

"백성들은 자원하여 드렸으므로 기뻐하였으니 곧 그들이 성심으로 여호와께 자원하여 드렸으므로 다윗 왕도 심히 기뻐하니라" 대상 29:9.

성령 성령의 인도하심을 따라 살게 하소서

"내가 이르노니 너희는 성령을 따라 행하라 그리하면 육체의 욕심을 이루지 아니하리라" 갈 5:16.

성령님을 보내셔서 우리를 인도하시는 하나님,
성령으로 우리 아이를 거듭나게 하시고, 성령님께서 아이를 날마다 인도하심을 감사합니다. 사랑하는 우리 아이의 몸과 마음과 영혼을 성령으로 충만하게 하셔서, 매순간 살아 계신 성령님과 소통하며, 성령님을 기쁘시게 하는 삶을 살게 하소서. 성령님께서 감화 감동하시므로 말씀을 잘 깨닫게 하시고 성경의 역사를 현재적으로 경험하게 하소서. 성령님의 열매를 성품에 많이 맺게 하시고, 외적으로는 성령님의 은사가 나타나게 하소서.
성령님을 근심되게 하거나 성령님의 역사를 소멸하지 않게 하시고, 성령님에게 민감하게 반응하면서 진리와 거룩함 가운데로 인도함을 받게 하소서. 성령님 안에서 기도하고, 성령님이 공급하시는 힘으로 섬기면서, 세상을 이길 수 있는 능력과 용기를 주소서. 우리 아이가 오직 성령의 사람이 되게 하소서.

"술 취하지 말라 이는 방탕한 것이니 오직 성령으로 충만함을 받으라" 엡 5:18.

은사 | 하늘에 속한 신령한 은사를 내려 주소서

"온갖 좋은 은사와 온전한 선물이 다 위로부터 빛들의 아버지께로부터 내려오나니 그는 변함도 없으시고 회전하는 그림자도 없으시니라" 약 1:17.

풍성한 은사를 부어 주시는 하나님,
우리 아이에게 모든 귀한 선물을 아이와 세상을 위하여 쓰라고 부어 주시는 것을 믿습니다. 우리 아이가 자신에게 주신 하나님의 은사를 발견하고 하나님을 영화롭게 하는데 사용하게 하소서. 하나님께서 성령님을 통하여 말씀과 믿음, 사랑과 위로, 섬김과 나눔, 배움과 가르침, 지도력과 분별력의 탁월한 은사를 주소서. 하나님이 주신 크고 작은 은사를 통하여 하나님의 능력과 성품을 드러내며, 교회의 덕을 세우고, 복음을 증거 하는 풍성한 열매를 맺게 하소서. 개인의 영적인 유익과 하나님의 영광을 드러내는 신령한 은사들도 더하여 주셔서 믿음의 큰 확신과 담력을 얻게 하소서. 지금 기도할 때에 아이 안에 내재해 있는 좋은 은사들이 불일 듯 일어나게 도와주소서.

"말할 수 없는 그의 은사로 말미암아 하나님께 감사하노라" 고후 9:15.

전도 많은 사람을 하나님께 인도하는 사람이 되게 하소서

"지혜 있는 자는 궁창의 빛과 같이 빛날 것이요 많은 사람을 옳은 데로 돌아오게 한 자는 별과 같이 영원토록 빛나리라" 단 12:3.

영혼 구원을 제일 기뻐하시는 하나님,
흑암에 처했던 우리의 영혼에 생명의 빛을 비추어 빛의 자녀가 되게 하시고, 무지에 처한 우리에게 진리의 빛을 비추어 참사랑을 알게 하시니 감사합니다. 그러나 아직도 어두움 가운데 처한 이 세상은 여전히 주님의 빛이 필요합니다. 무자비한 폭력은 세상을 향한 하나님의 사랑의 빛을 삼키려 합니다. 세상의 불신과 교만은 하나님의 은혜를 거부합니다.
손바닥으로 하늘의 태양을 가릴 수 없듯이 사악한 세상이 결코 하나님의 빛을 가리지 못하게 하소서. 우리 아이가 하나님의 생명과 진리의 빛을 비추는 작은 촛불이 되게 하소서. 우리 아이가 세상을 향해 발하는 주님의 빛이 되게 하소서. 어두운 세상을 위해 주님께서 밝히시는 작은 불빛이 되어 하나님이 사랑하시는 많은 영혼들이 우리 아이를 통해 주님께로 돌아오게 하소서. 우리 아이가 일생 동안 만나는 사람들에게 영혼 구원의 열정을 가지고 예수님을 전하게 하소서.

"보내심을 받지 아니하였으면 어찌 전파하리요 기록된 바 아름답도다 좋은 소식을 전하는 자들의 발이여 함과 같으니라" 롬 10:15.

성결 거룩하고 온전한 삶을 살게 하소서

"나는 너희의 하나님이 되려고 너희를 애굽 땅에서 인도하여 낸 여호와 라 내가 거룩하니 너희도 거룩할지어다" 레 11:45.

성결하라고 명령하시는 거룩하신 하나님,
우리에게 하나님의 자녀답게 거룩한 삶을 살라고 말씀하셨습니다. 그러나 우리의 본성이나 노력으로는 온전한 삶을 살 수 없사오니 거룩한 영이신 성령님께서 우리 아이가 구별된 생활을 할 수 있도록 모든 상황 가운데에서 인도하여 주소서.
우리 아이가 비록 세상 속에서 살고 있지만 세상에 물들지 않고, 하나님의 거룩하심처럼 하나님을 닮은 성결한 삶을 살게 하소서. 하나님의 자녀로서 고운 말을 쓰게 하시고, 예의 바른 행동을 하게 하시고, 아름다운 마음씨와 깨끗한 영혼을 간직하게 하소서. 세상의 가치관을 따르지 않게 하시고, 하나님의 말씀과 하나님을 향한 기도로 날마다 거룩하게 하소서. 마음이 청결하여 항상 하나님을 볼 수 있게 하시고, 행위가 완전하여 그리스도의 장성한 분량에 이르게 하소서.

"주를 향하여 이 소망을 가진 자마다 그의 깨끗하심과 같이 자기를 깨끗하게 하느니라" 요일 3:3.

`홀로있음` 하나님 앞에 혼자 있는 시간을 갖게 하소서

"새벽 아직도 밝기 전에 예수께서 일어나 나가 한적한 곳으로 가사 거기서 기도하시더니" 막 1:35.

우리와 개인적으로 만나기를 좋아하시는 하나님,
우리 아이가 하나님 앞에 혼자 은밀하게 나아가 기도하는 것을 좋아하는 사람이 되게 하소서. 너무 바쁘게 살지 않게 하시고 하루 중 시간을 정하여 하나님과 홀로 있는 시간을 갖게 하소서. 하나님과 함께하는 시간을 통하여 하나님의 형상이 아이에게 온전히 이루어지게 하소서. 하나님과의 깊은 교제를 통하여 먼저 자신이 변화되고, 하나님이 주시는 말씀과 능력을 공급받게 하소서.
우리 아이가 혼자 있을 때 더욱 간절히 하나님을 찾고, 구하고, 만나게 하소서. 홀로 있는 시간이 외롭고 두려워서 사람들을 찾거나 오락을 구하는 것이 아니라, 하나님께 나아가 혼자 설 수 있는 법을 배우게 하소서. 혼자서도 시간을 유용하게 잘 사용할 줄 알게 하시고 하나님의 자녀로서의 분명한 자아상을 확립하게 하소서. 하나님과 혼자 있는 시간을 통하여 내면이 충실해지고 나아가 다른 사람들과의 관계도 풍요로워지게 하소서.

"야곱은 홀로 남았더니 어떤 사람이 날이 새도록 야곱과 씨름하다가" 창 32:24.

단순한 삶 복잡한 세상에서 정돈된 삶을 살게 하소서

"내가 깨달은 것은 오직 이것이라 곧 하나님은 사람을 정직하게 지으셨으나 사람이 많은 꾀들을 낸 것이니라" 전 7:29.

우리에게 순수한 믿음을 찾으시는 하나님,
하나님을 향한 순전하고 고요한 믿음을 가져야 함에도 불구하고, 마음속에는 복잡하게 얽혀 있는 욕심과 분주하게 서두르는 욕망이 가득하여 있음을 용서하여 주소서. 우리 아이가 오직 마음을 주님께로 향하여 혼란한 세상 속에서도 참된 평안과 안식을 얻을 수 있도록 도와주소서. 우리 아이가 하나님만을 자신의 주인으로 고백하면서 세상의 정욕과 모든 자랑과 이생의 욕망을 내려놓기 원합니다. 하나님이 아이의 삶의 중심에 오셔서 아이의 삶을 정돈하여 주시고, 하나님을 중심으로 하나님이 원하시는 삶을 살게 하소서. 아이가 많은 일들로 염려하면서 복잡하고 분주하게 살지 않게 하시고, 잘 정돈되고 간편하게 살아서 모든 것이 감사하고 평온한 생활이 되게 하소서. 하나님께서 아이의 마음과 생활을 주장하셔서 단순한 삶을 살게 하소서.

"주께서 대답하여 이르시되 마르다야 마르다야 네가 많은 일로 염려하고 근심하나 몇 가지만 하든지 혹은 한 가지만이라도 족하니라" 눅 10:41-42.

이삭의 축복기도

"내 아들의 향취는 여호와께서 복 주신 밭의 향취로다 하나님은 하늘의 이슬과 땅의 기름짐이며 풍성한 곡식과 포도주를 네게 주시기를 원하노라 만민이 너를 섬기고 열국이 네게 굴복하리니 네가 형제들의 주가 되고 네 어머니의 아들들이 네게 굴복하며 너를 저주하는 자는 저주를 받고 너를 축복하는 자는 복을 받기를 원하노라" 창 27:27-29.

2장
축복을 비는 기도

행복 • 평안 • 형통 • 번성 • 명성 • 기쁨 •
응답 • 인도 • 생명 • 만족

"여호와가 너를 항상 인도하여 메마른 곳에서도 네 영혼을 만족하게 하며 네 뼈를 견고하게 하리니 너는 물 댄 동산 같겠고 물이 끊어지지 아니하는 샘 같을 것이라" 이사야 58:11.

자녀와 함께 드리는 예배
축복의 통로가 되게 하소서

찬송 28장(통 28장) 복의 근원 강림하사

말씀봉독 "여호와께서 주시는 복은 사람을 부하게 하고 근심을 겸하여 주지 아니하시느니라" 잠 10:22.

메시지 모든 진정한 복은 하나님으로부터 옵니다. 하나님은 만복의 근원이십니다. 하나님이 주시는 복은 세상이 주는 복과 다릅니다. 하나님은 물질의 복을 주실 때도 기쁨과 행복을 더하여 주십니다. 지혜를 주실 때도 존귀와 명예를 더하여 주십니다. 건강한 몸을 주실 때도 평안함과 안전을 더하여 주십니다. 장수를 주실 때도 건강하면서 동시에 의미 있는 삶을 주십니다.

세상에서 얻는 물질은 근심과 함께 주어집니다. 세상의 복은 엄밀한 의미에서 복이 아닙니다. 세상의 복은 일시성, 가변성, 상대성, 한계성을 지니고 있습니다. 하나님의 복은 영원성, 불변성, 절대성, 무한성을 지닙니다. 그러므로 무엇보다 하나님이 주시는 복을 받아야 합니다. 하나님은 자녀들에게 복을 주시기를 기뻐하십니다. 아브라함, 이삭, 야곱, 요셉, 다윗 같은 성경의 사람들이 다 하나님께 복을 받은 사람들입니다. 하나님께 복을 구하기만 하면 하나님은 많은 복을 내려주십니다. 예수님의 이름으로 기도하여 성경에 약속된 모든 복을 받아야 하겠습니다. 우리 자녀들에게 성경에 기록된 모든 복이 임하길 기원합니다.

기도 복 주시기를 기뻐하시는 만복의 근원 하나님 아버지, 참되고 영원한 복은 오직 하나님께로만 오는 것을 믿사오니 우리 아이에게 만복을 내려 주소서. 우리 아이가 하나님의 풍성한 복을 받아 세상에 전하고 나누는 축복의 통로가 되기를 원합니다. 아이의 생애를 통하여 세상을 축복하시고, 아이의 일을 통하여 하나님의 영광을 드러내시고, 아이가 가는 곳마다 복을 내려 주소서. 그래서 우리 아이가 세상에서 하나님께 복 받은 사람의 표상이 되게 하소서.
아이의 삶이 세상의 어둡고 소외된 생활을 하는 사람들에게 등불이 되게 하시고, 아이의 지혜가 세상의 문제에 대한 해답이 되게 하시고, 아이의 손길이 세상의 약하고 어려운 사람들에게 힘과 용기를 주게 하시고, 아이의 물질이 가난과 장애를 가지고 사는 사람들에게 도움이 되게 하소서. 성경에 기록된 모든 복을 아이에게 내려주소서.

"그 어린아이들을 안고 그들 위에 안수하시고 축복하시니라" 마 10:16.

행복 하나님께 복 받은 자가 되게 하소서

"이스라엘이여 너는 행복한 사람이로다 여호와의 구원을 너 같이 얻은 백성이 누구냐 그는 너를 돕는 방패시요 네 영광의 칼이시로다 네 대적이 네게 복종하리니 네가 그들의 높은 곳을 밟으리로다" 신 33:29.

모든 복의 근원이신 하나님 아버지,
모든 좋은 은사와 온전한 선물은 아버지께로 오는 것을 믿습니다. 하나님은 전능자이시며 창조주이시니, 하나님을 아버지로 믿는 우리는 세상에서 참으로 행복한 사람들입니다. 우리 가정은 예수님만 믿는 행복한 가정이 되게 하소서. 무엇보다 하나님의 은혜로 구원해주시고, 하나님의 자녀 삼아 주셔서 감사합니다. 하나님께서 우리 아이를 어떤 상황에서도 보호하시고, 모든 필요한 것을 채워주심을 믿습니다.
우리 아이가 참된 행복은 오직 하나님 안에서만 찾을 수 있음을 깨닫게 하소서. 하나님의 사랑 안에서 부부의 행복, 부모의 복과 자녀의 복을 누리게 하소서. 하나님께서 높여 주심으로 세상에서 복 받는 가정의 모범이 되게 하소서. 우리 아이가 복 있는 사람이 되어 어느 곳에 가든지 형통하고, 하는 일마다 승리하며, 사람들에게 높임을 받게 하소서.

"복 있는 사람은 악인들의 꾀를 따르지 아니하며 죄인들의 길에 서지 아니하며 오만한 자들의 자리에 앉지 아니하고 오직 여호와의 율법을 즐거워하여 그의 율법을 주야로 묵상하는도다" 시 1:1-2.

평안 일평생 주님이 주시는 평안을 누리게 하소서

"평강의 주께서 친히 때마다 일마다 너희에게 평강을 주시고 주께서 너희 모든 사람과 함께하시기를 원하노라" 살후 3:16.

평화의 왕, 평강의 왕 되신 하나님,
보배와 같은 우리 아이가 혼란과 불안의 시대를 살고 있습니다. 이런 세상이 우리 아이의 내면에 어두운 그림자를 드리우지 않게 하소서. 아이가 살아가면서 무서운 일, 두려운 일을 만나도 하늘과 땅을 만드신 하나님께서 내 옆에 계신다는 것과 모든 일이 주님의 뜻대로만 이루어진다는 것을 믿고 마음에 담대함을 얻게 하소서. 세상을 바라보지 않고 하나님만 바라보게 하소서. 두려움이 마음속에 일어날 때는, 내 음성에 귀를 기울이시는 하나님께 조용히 때로는 큰 목소리로 기도하게 하시고, 하나님이 주시는 힘과 평안을 누리게 하소서. 주님이 주시는 평강이 마음을 사로잡게 하시고, 그 평강이 흘러넘쳐 다른 사람들에게 전해지게 하소서. 아이에게 평강의 복을 주셔서, 아이가 가는 곳마다 평강이 임하고, 평화를 만드는 사람이 되게 하소서.

"그리스도의 평강이 너희 마음을 주장하게 하라 너희는 평강을 위하여 한 몸으로 부르심을 받았나니 너희는 또한 감사하는 자가 되라" 골 3:15.

형통 일마다 때마다 형통하게 하소서

"너의 행사를 여호와께 맡기라 그리하면 네가 경영하는 것이 이루어지리라" 잠 16:3.

모든 일을 계획하시고 성취하시는 하나님,
우리 아이가 이 세상을 살면서 하고 싶은 일, 이루고 싶은 꿈들이 많습니다. 하나님께서 그 모든 일을 하나님의 뜻 안에서 선하게 이루어 주소서. 기도를 통하여 아이의 꿈이 하나님의 꿈과 통하게 하소서. 하나님의 말씀을 밤낮으로 묵상함으로 아이를 향한 하나님의 기쁘시고 선하신 뜻을 자신의 소망으로 가슴에 품게 하소서. 모든 일의 처음과 마지막을 하나님께 부탁하며 진실하고 성실하게 임하여 아름다운 열매를 맺게 하소서. 아이가 소망을 이루어 가는 과정에서도 하나님의 지도를 받으며 진리 안에서 사랑으로 행하게 하소서. 이렇게 하나님 앞에서 정직하게 행할 때, 모든 어려움과 장애물을 물리치시고 범사에 형통하게 하소서. 하나님께서 형통케 하실 때도 교만하지 않고 모든 영광을 하나님께 돌리는 아이가 되게 하소서. 하나님의 뜻을 아이를 통하여 이루소서.

"만군의 여호와께서 맹세하여 이르시되 내가 생각한 것이 반드시 되며 내가 경영한 것을 반드시 이루리라" 사 14:24.

번성 나날이 잘되는 복을 받게 하소서

"이르시되 내가 반드시 너에게 복 주고 복 주며 너를 번성하게 하고 번성하게 하리라 하셨더니" 히 6:14.

우리에게 복 주시기를 기뻐하시는 하나님,
하나님께서는 아담과 하와를 창조하신 뒤에 생육하고 번성하며 땅에 충만하라고 복을 주셨습니다. 우리 아이가 이 땅에서 이런 하나님의 복을 받아 번성하게 하소서.
모든 영역에서 우리 아이의 지경을 넓혀 주셔서 감람나무같이 번성하고, 백향목같이 우뚝 서게 하소서. 아이의 삶의 열매를 통하여 세상 많은 사람들이 복을 받고, 안식을 얻게 하소서. 작은 새들이 큰 나무에서 양식과 피난처를 얻듯이 우리 아이가 도움이 필요한 사람들에게 힘과 위로, 지지와 격려, 지혜와 지도력을 발휘할 수 있는 거목이 되게 하소서. 우리 아이가 잘될 때에도 하나님 앞에 겸손하게 하시고, 오직 하나님께 영광을 돌리게 하소서. 아이의 번성함을 통하여 세상 사람들이 오늘도 살아 계셔서 역사하시는 하나님을 알게 하소서.

"너희 조상의 하나님 여호와께서 너희를 현재보다 천 배나 많게 하시며 너희에게 허락하신 것과 같이 너희에게 복 주시기를 원하노라" 신 1:11.

명성 하나님의 영광을 위하여 명성을 얻게 하소서

"내가 너로 큰 민족을 이루고 네게 복을 주어 네 이름을 창대하게 하리니 너는 복이 될지라" 창 12:2.

온 세상에 뛰어나신 이름 하나님 아버지,
하나님의 이름은 영원토록 만민에게 찬양을 받기에 합당하십니다. 할렐루야! 저희들이 평생토록 그 크고 위대하신 하나님 아버지를 높이고 찬송하는 삶을 살게 하소서. 명성이 재물보다 나으므로 아름다운 이름을 우리 아이에게 주시기를 원합니다. 하나님께 칭찬을 받고, 사람들로부터 명성을 얻게 하소서. 하나님께서 기드온을 '위대한 용사'로 부르시고 실제로 그렇게 명성을 얻게 하셨듯이, 우리 아이도 위대한 이름으로 불러 주시고 또한 그렇게 이루어 주소서.
우리 아이가 하나님의 은혜로 유력하고 유명한 자가 되게 하소서. 우리 아이가 참되고 의로운 선행으로 유명한 자가 되게 하소서. 우리 아이 이름이 복된 이름, 칭송 받는 이름, 희망을 주는 이름, 기쁨을 주는 이름이 되게 하소서. 우리 아이가 세상에서 얻는 명성보다 하나님께 더욱 유명한 자가 되게 하소서.

"내가 그 때에 너희를 이끌고 그 때에 너희를 모을지라 내가 너희 목전에서 너희의 사로잡힘을 돌이킬 때에 너희에게 천하 만민 가운데서 명성과 칭찬을 얻게 하리라 여호와의 말이니라" 습 3:20.

`기쁨` 주 안에서 참 기쁨을 누리게 하소서

"주께서 생명의 길을 내게 보이시리니 주의 앞에는 충만한 기쁨이 있고 주의 오른쪽에는 영원한 즐거움이 있나이다" 시 16:11.

기쁨의 근원이신 하나님 아버지,
오직 참된 기쁨과 행복은 하나님 아버지로부터 오는 것을 믿습니다. 우리 아이가 하나님으로 인하여 기뻐하고 즐거워하게 하소서. 하나님을 기뻐할 때 마음의 소원을 응답해주신다고 하셨습니다. 아이가 어려울 때도 기쁨으로 하나님의 보좌 앞에 나아가 기도의 응답을 받게 하소서. 주님 안에서 두려움, 근심, 불안이 없게 하소서.
예수님이 기뻐하시던 그 샘솟는 기쁨을 우리 아이에게 주소서. 우리 아이가 하나님을 섬기는 기쁨, 말씀을 듣고 순종하는 기쁨, 주신 복을 거두는 기쁨, 사랑 안에 거하는 기쁨, 풍요로움을 나누는 기쁨, 상한 자를 위로하는 기쁨, 인내하여 승리하는 기쁨을 누리게 하소서. 무엇보다 하나님을 날마다 점점 더 알아가는 기쁨으로 성장하게 하시고, 주님과 동행하는 길에서 주시는 소소한 기쁨이 끊이지 않게 하소서.

"또 여호와를 기뻐하라 그가 네 마음의 소원을 네게 이루어 주시리로다" 시 37:4.

응답 구하는 것마다 응답받게 하소서

"우리가 무엇이든지 구하는 바를 들으시는 줄을 안즉 우리가 그에게 구한 그것을 얻은 줄을 또한 아느니라" 요일 5:15.

우리 기도에 응답하시는 하나님,
우리의 모든 기도에 귀를 기울이시고 응답해주심에 감사합니다. 우리 아이가 하나님은 믿음의 간구에 좋은 것으로 응답하시고, 우리의 기도를 항상 들어주시는 분임을 알게 하소서. 우리가 기도로 우리의 문제를 하나님의 손에 올려놓을 때부터, 하나님은 역사하심을 믿게 하소서. 하나님은 기도 가운데 우리를 인도하시고, 우리가 알지 못했던 것까지 알게 하시고, 우리가 기도한 것보다 더 위대하게 응답하시는 것을 믿습니다. 그러므로 우리 아이가 하나님께 기도함으로 시작하고, 기도하면서 일하고, 기도로 끝을 내어, 무슨 일을 하든지 기도가 함께 하게 하소서.
우리 아이가 기도의 시간을 확보하게 하시고, 기도의 영역이 날마다 확장되게 하시며, 기도의 응답을 확신하게 하소서. 자신을 위해서만이 아니라 가족과 이웃, 교회와 나라, 세계를 위해서 기도하는 사람이 되게 하소서. 기도하는 것을 기뻐하며 기도에 응답하시는 하나님을 찬양하고 감사하게 하소서.

"내가 환난 중에 여호와께 부르짖었더니 내게 응답하셨도다" 시 120:1.

인도 걸음마다 주님의 인도하심을 받게 하소서

"사람이 마음으로 자기의 길을 계획할지라도 그의 걸음을 인도하시는 이는 여호와시니라" 잠 16:9.

목적을 가지시고 사람을 부르시는 하나님,
인생들은 무지하여 어디로 향할지 모르고 방황하고 있습니다. 시작과 끝을 아시는 하나님께서 우리 아이의 앞길을 친히 인도하셔서 실수 없이, 방황하지 않고 하나님의 목적에 이르는 삶을 살게 하소서. 인생은 수없이 많은 선택의 연속입니다. 하나님께서 우리 아이를 지도하여 주셔서 하나님의 뜻에 합한 바른 선택을 하도록 지도하여 주소서.

광야에서 이스라엘을 구름기둥과 불기둥으로 앞서 가시면서 인도하셨듯이 하나님께서 선한 목자가 되어 우리 아이를 생명과 진리의 길로 인도하여 주소서. 좋은 학교, 좋은 선생님, 좋은 친구, 좋은 책, 좋은 교회, 좋은 직장, 좋은 배우자를 만날 수 있도록 인도하소서. 결국 우리 아이의 삶이 풍성하고 아름다운 날들로 가득차게 하소서. 어려움의 골짜기를 지날 때에도 평안한 길을 내셔서 젖과 꿀이 흐르는 복된 곳으로 인도해주소서. 아이의 인생 걸음마다 하나님이 함께하여 주소서.

"이곳으로 인도하사 이 땅 곧 젖과 꿀이 흐르는 땅을 주셨나이다" 신 26:9.

생명 풍성한 생명을 누리게 하소서

"아들이 있는 자에게는 생명이 있고 하나님의 아들이 없는 자에게는 생명이 없느니라" 요일 5:12.

길과 진리요 생명이신 예수님,
우리 아이가 예수님을 믿어 하나님의 자녀가 되고 영원한 생명을 얻게 하심을 감사합니다. 영생은 하나님의 아들 예수님을 아는 것이라 하셨으니, 우리 아이가 날마다 예수님을 아는 일에 더욱 자라게 하소서. 예수님은 영생을 주실 뿐 아니라 더욱 풍성한 생명을 주신다고 약속하셨으니, 질적으로도 양질의 삶을 살게 하소서. 누리고 베푸는 삶, 기쁘고 감사하는 삶, 이루고 영광 돌리는 삶, 이기고 섬기는 삶을 살게 하소서. 자아실현의 기쁨, 화목한 가정의 행복, 영적 풍요로움을 누리게 하소서. 우리 아이가 자신뿐 아니라 다른 사람들의 생명도 풍성하게 하는 사람이 되게 하소서.
우리 아이가 생명의 주관자이신 하나님을 알고, 그 하나님께 이르는 유일한 길이신 예수님을 믿고, 이 땅에서 하늘의 생명을 앞당겨 풍성한 삶을 살게 하소서.

"도둑이 오는 것은 도둑질하고 죽이고 멸망시키려는 것뿐이요 내가 온 것은 양으로 생명을 얻게 하고 더 풍성히 얻게 하려는 것이라" 요 10:10.

만족 하나님이 주시는 만족을 얻게 하소서

"여호와가 너를 항상 인도하여 메마른 곳에서도 네 영혼을 만족하게 하며 네 뼈를 견고하게 하리니 너는 물 댄 동산 같겠고 물이 끊어지지 아니하는 샘 같을 것이라" 사 58:11.

가장 좋은 것으로 채워주시는 하나님,
우리 아이가 하나님께서 주시는 것으로 만족하며 감사하며 살게 하소서. 하나님 외에 이 세상에 어떤 것도 우리의 영혼을 만족시킬 수 없습니다. 모든 것을 다 소유하여도 하나님이 없으면 참 만족이 없습니다. 우리 아이가 세상의 모든 귀한 것은 오직 하나님으로부터 하늘에서 내려오는 것이란 믿음을 갖게 하시고, 하나님으로 채움 받기를 갈망하게 하소서. 아이가 구할 때 마르지 않는 샘물처럼, 하나님께서 주시는 놀랍고 아름다운 복들을 아이에게 내려 주소서.
다른 친구들과 비교하면서 자신에게 주신 것에 소홀하지 않게 하시고, 자신의 것에 만족하지 못해 불평하지 않게 하소서. 하나님께서 우리 아이에게 항상 최선의 길과 최고의 복을 주시는 것을 믿게 하소서. 지금 자신에게 있는 것에 만족하고 영광 돌리며 살게 하소서.

"우리가 무슨 일이든지 우리에게서 난 것 같이 스스로 만족할 것이 아니니 우리의 만족은 오직 하나님으로부터 나느니라" 고후 3:5.

3장
성품을 위한 기도

사랑 • 화평 • 인내 • 긍휼 • 충성 • 온유 •
절제 • 겸손 • 배려 • 정직 • 진실 • 양심 •
용기 • 열정 • 자족 • 품위 • 관용

"온유한 자들은 땅을 차지하며 풍성한 화평으로 즐거워하리로다" 시편 37:11.

자녀와 함께 드리는 예배

주님의 성품을 닮게 하소서

찬송 187장(통 171장) 비둘기같이 온유한

말씀봉독 "이로써 그 보배롭고 지극히 큰 약속을 우리에게 주사 이 약속으로 말미암아 너희가 정욕 때문에 세상에서 썩어질 것을 피하여 신성한 성품에 참여하는 자가 되게 하려 하셨느니라" 벧후 1:4.

메시지 하나님은 사람을 하나님의 형상대로 만드셨는데, 특별히 우리의 마음이 하나님을 닮도록 만드셨습니다. 우리의 마음에 하나님의 거룩한 성품이 있어야 하나님을 닮은 자녀라고 할 수 있습니다. 그러므로 하나님의 사랑, 은혜, 긍휼, 평화, 온유, 열정 같은 좋은 성품이 우리 안에 이루어지도록 기도하고 실제 생활에서 연습을 해야 합니다. 이것이 신성한 성품에 참여하는 것입니다.

예수님도 이 세상에 계실 때에 아름다운 성품을 보여주셨습니다. 예수님이 말씀하신 팔복은 성품의 복입니다. 심령이 가난한 자, 온유한 자, 의에 주리고 목마른 자, 긍휼히 여기는 자, 마음이 청결한 자, 화평하게 하는 자가 복이 있습니다. 구약에서는 '소유의 복'을 말했다면 예수님은 '존재의 복'을 말씀하고 있습니다. 우리도 예수님을 닮은 작은 예수가 되어야 하는데, 그렇게 하기 위해서는 성령님이 우리 안에 충만하게 거하셔서 성령의 열매를 맺도록 해야 합니다. 성령의 아홉 가지 열매는 사랑, 희락, 화평, 오래 참음, 자비, 양선, 충성, 온유, 절제와 같은 성품의 열매입니다.

기도 성품을 아름답게 빚으시는 하나님,
하나님의 형상대로 지음을 받은 우리 아이가 예수님처럼 하나님을 닮아가기를 원합니다.
하나님의 자녀로서 아이의 성품도 거룩하고 아름다워져서 하나님의 모습을 드러내기를 원합니다. 우리 아이의 마음에서는 예수님의 향기가 나기를 원합니다. 하나님과의 관계를 통하여 사랑과 희락과 화평이 넘치게 하시고, 다른 사람과의 관계에서는 오래 참음과 자비와 양선의 열매를 맺게 하시며, 자신과의 관계를 통해서는 충성과 온유와 절제의 성품을 키우게 하소서.
예수님께서 신상수훈에서 이러한 성품을 가진 사람이 복이 있다고 말씀하셨으니, 우리 아이도 '성품의 복'을 받게 하소서. 오직 성령님이 우리 아이 안에 거하시면서 역사하실 때 하나님이 기뻐하시는 성품의 열매를 맺을 줄 믿사오니, 성령님이 원하시는 길로 항상 우리 아이를 인도하여 주소서.

"오직 성령의 열매는 사랑과 희락과 화평과 오래 참음과 자비와 양선과 충성과 온유와 절제니 이같은 것을 금지할 법이 없느니라" 갈 5:22-23.

`사랑` 사랑이 충만한 아이가 되게 하소서

"끝으로 형제들아 무엇에든지 참되며 무엇에든지 경건하며 무엇에든지 옳으며 무엇에든지 정결하며 무엇에든지 사랑 받을 만하며 무엇에든지 칭찬 받을 만하며 무슨 덕이 있든지 무슨 기림이 있든지 이것들을 생각하라" 빌 4:8.

측량할 수 없는 사랑으로 저희들을 돌보시는 하나님,
우리를 사랑하셔서 하나님의 독생자인 예수 그리스도를 보내시고 우리를 죄에서 구원해주신 것 감사드립니다. 부모인 저희도 아이에게 하나님의 사랑처럼 희생적인 사랑, 무조건적인 사랑을 베풀게 하소서. 우리 아이가 자라면서 하나님과 부모의 충만한 사랑을 받고 있다는 사실을 느끼게 하소서. 아이가 자신은 세상에 사랑받기 위해 태어났다는 것을 알게 하시고, 자신도 다른 사람에게 사랑을 베풀게 하소서.
사랑을 받은 자만이 다른 사람을 사랑할 수 있으니, 아이에게 풍성한 사랑을 부어 주셔서, 아이의 삶을 통해 다른 사람에게 사랑이 흘러가게 하소서. 서로 사랑하는 저희 가정과 교회의 모습을 통하여 믿지 않는 자들이 하나님을 알게 해주소서.

"사랑하는 자들아 우리가 서로 사랑하자 사랑은 하나님께 속한 것이니 사랑하는 자마다 하나님으로부터 나서 하나님을 알고 사랑하지 아니하는 자는 하나님을 알지 못하나니 이는 하나님은 사랑이심이라" 요일 4:7-8.

화평 평화를 만드는 사람이 되게 하소서

"화평하게 하는 자들은 화평으로 심어 의의 열매를 거두느니라" 약 3:18.

마음에 기쁨과 평안을 주시는 하나님,
우리가 예수님을 믿어 세상에서 얻을 수 없는 참된 평안을 누리게 하심을 감사드립니다. 우리 아이가 이 땅에 화평을 주러 오신 예수님을 모심으로 먼저 하나님과 평화를 누리게 하시고, 하나님의 자녀로서 가는 곳마다 평화를 만드는 사람이 되게 하소서. 친구들이 모이는 곳에 우리 아이가 가면 서로가 배려하고 양보하고 사랑하는 분위기가 조성되게 하소서. 우리 아이가 미움이 있는 곳에 사랑을, 다툼이 있는 곳에 평화를, 분열이 있는 곳에 일치를 만드는 사람이 되게 하소서. 모든 사람과 더불어 화평함과 거룩함이 없이는 주를 보지 못한다고 하셨으니, 아이가 거룩하게 살면서 화평케 하는 사람이 되게 하소서. 아이가 평안한 성품을 소유한 사람이 되어 혼자 있어도 안정적이고, 다른 사람과 함께 할 때도 편안한 생활을 하게 하소서. 무엇에 급하게 서두르거나 무엇에 부족하여 스트레스를 받지 않도록 주님이 함께 계셔서 마음의 평안을 지켜 주소서. 누구를 만나든지, 어디에 있든지 기쁨과 평안을 전달하여 하나님의 자녀라고 불리게 하소서.

"화평하게 하는 자는 복이 있나니 그들이 하나님의 아들이라 일컬음을 받을 것임이요" 마 5:9.

인내 일을 행한 후 인내함으로 상 받게 하소서

"인내를 온전히 이루라 이는 너희로 온전하고 구비하여 조금도 부족함이 없게 하려 함이라" 약 1:4.

인내하는 자가 복되다 하신 하나님,
예수님은 십자가의 고통을 참으셔서 우리를 구원하셨고 앞서간 훌륭한 성도들도 인내함으로 사명을 잘 감당하였습니다. 하지만 우리는 모든 고통과 모욕과 고난을 참으신 예수님을 본받지 못하고, 작은 일 하나에 분노하고 정죄하고 판단했습니다. 우리의 연약함을 도와주소서. 참기 힘들 때, 우리를 위해 십자가를 참으신 예수님을 생각하게 하소서.

우리 아이에게 참을성 있는 마음을 주소서. 욥이 인내함으로 좋은 결말을 본 것같이, 우리 아이가 모든 것을 합력하여 선을 이루시는 하나님을 바라보고, 믿음으로 참고 인내하여 마침내 승리하게 하소서. 아이가 부지런히 공부하고, 규칙적으로 좋은 습관을 들이고, 꾸준하게 운동을 하게 하소서. 아이가 즐거운 게임을 참는 것, 텔레비전 시청을 자제하는 것, 몸에 해로운 음식을 삼가는 것, 모두를 잘 인내하여 아름다운 사람이 되게 하소서.

"너희에게 인내가 필요함은 너희가 하나님의 뜻을 행한 후에 약속하신 것을 받기 위함이라" 히 10:36.

긍휼 어려운 사람들을 긍휼히 여기는 마음을 주소서

"긍휼히 여기는 자는 복이 있나니 저희가 긍휼히 여김을 받을 것임이요" 마 5:7.

긍휼이 풍성하신 하나님,
하나님의 은혜와 긍휼하심을 입은 우리가 하나님의 마음을 닮게 하소서. 우리 아이가 주님의 심장으로, 가난해서 굶주린 사람들, 몸이 아파 병중에 있는 사람들, 홀로 있어 외로워하는 사람들, 절망 속에 헤매는 사람들을 불쌍히 여기는 마음을 가지게 하소서. 주님의 마음으로 그들을 보며, 그들과 함께 아파하는 마음을 갖게 하소서. 그들을 돌보고자 하는 마음으로 공부하고 노력하고 성취하여, 자신만을 위한 이기적인 삶이 아니라, 소외되고 아픈 자들을 돌아보는 이타적인 삶을 살게 하소서.
착한 사마리아인처럼 곤경에 처한 사람을 외면하지 않고, 그들을 볼 수 있는 눈과 그들의 어려움을 느낄 수 있는 마음을 주소서. 그들을 도울 수 있는 손과 그들에게 베풀 수 있는 물질과 그들과 함께 할 수 있는 시간을 주셔서, 생명을 살리는 사람이 되게 하소서. 세상의 작은 자 가운데 계시는 예수님을 대접하여 하나님을 기쁘시게 하는 아름다운 성품의 아이가 되게 하소서.

"나는 인애를 원하고 제사를 원하지 아니하며 번제보다 하나님을 아는 것을 원하노라" 호 6:6.

충성 매사에 신실한 사람이 되게 하소서

"그 주인이 이르되 잘하였도다 착하고 충성된 종아 네가 적은 일에 충성하였으매 내가 많은 것을 네게 맡기리니 네 주인의 즐거움에 참여할지어다" 마 25:21.

성실하신 하나님,
아멘이시오. 충성이신 예수님처럼 우리 아이도 하나님 앞에 착하고 충성스러운 자녀가 되기를 원합니다. 우리 아이가 자신에게 주어진 크고 작은 일들에 최선을 다하여 잘 감당할 수 있게 하소서. 자신을 믿고 맡긴 일에 자신감을 가지고 임하여, 자신의 잠재적인 능력을 개발하게 하소서.

요셉이 어디에서 무슨 일이 주어지든지 성실하게 하여, 결국은 애굽의 총리로 하나님이 높이신 것을 믿습니다. 다윗도 작은 일에 충실하다가 왕까지 된 것을 믿습니다. 우리 아이도 공부하는 일이든, 심부름을 하는 일이든, 운동을 하는 일이든, 맡겨진 일에 성실하게 임함으로 큰일을 할 수 있는 사람이 되도록 인도하소서. 작은 일을 큰 정성을 가지고 해서 큰일도 맡게 하시고, 그 일을 잘 감당함으로 "잘 하였도다 착하고 충성된 자녀야!"라는 칭찬을 받게 하소서.

"내 눈이 이 땅의 충성된 자를 살펴 나와 함께 살게 하리니 완전한 길에 행하는 자가 나를 따르리로다" 시 101:6.

성품을 위한 기도

온유 부드러운 마음을 갖게 하소서

"나는 마음이 온유하고 겸손하니 나의 멍에를 메고 내게 배우라 그리하면 너희 마음이 쉼을 얻으리니" 마 11:29.

전능자이시면서도 한없이 온유하신 하나님,
하나님의 선하심과 인자하심 아래서 우리를 목자같이 부드럽게 인도하심을 감사드립니다. 우리 아이가 세상을 살아갈 때에 예수님의 온유하심과 겸손하심을 배워 살게 하소서. 하나님이 주시는 모든 사명은, 온유하고 겸손한 예수님의 마음을 배워서 예수님의 방식으로 하면 쉽고 가벼운 줄 믿습니다. 우리 아이가 일을 할 때에 자신의 능력이나 혈기로 하지 않게 하시고, 성령님이 공급하시는 능력과 온유한 마음으로 감당하게 하소서. 예수님과 같이 세상과 악에 대하여서는 강하고 담대하나, 하나님과 사람을 향하여서는 한없이 부드러운 마음을 갖게 하소서. 아이가 강한 자 앞에서는 당당하고, 약한 자에게는 관대하게 하소서. 이삭이 대적하는 자들을 온유함과 화평함으로 대하여 승리하고 지경이 넓어진 것처럼, 우리 아이도 온유함으로 승리하게 하소서. 온유한 자가 땅을 차지하고, 온유한 자가 평안을 누린다고 하셨으니, 우리 아이가 실력을 갖추고 있지만 외적으론 온유하게, 내적으론 강하게 하소서.

"오직 온유한 자는 땅을 차지하며 풍부한 화평으로 즐기리로다" 시 37:11.

절제 자신을 잘 다스릴 수 있는 마음을 주소서

"이기기를 다투는 자마다 모든 일에 절제하나니 저희는 썩을 면류관을 얻고자 하되 우리는 썩지 아니할 것을 얻고자 하노라" 고전 9:25.

절제하라고 말씀하신 하나님,
우리 아이가 먼저 자신을 다스릴 줄 아는 사람이 되게 하소서. 우리 아이는 모든 것을 할 수 있는 자유를 가졌지만, 하나님의 뜻이 아니면 하지 않겠다는 절제의 능력도 가지게 하소서. 마음에 일어나는 분노도 절제하고, 욕심도 절제하게 하시고, 음식도 골고루 먹고, 놀이도 적당히 하게 하소서. 더 큰 뜻을 이루기 위하여 당장의 만족을 미룰 줄 아는 의지를 갖게 하소서.
좋은 것도 지나치면 안한 것만 못한 것이 많으니, 모든 것을 알맞게 하고 질서 있게 하도록 도와주소서. 다니엘처럼 하나님이 기뻐하시지 않는 것에는 "아니요"라고 단호하게 말할 수 있게 하시고, 절제할 줄 알므로 자신을 이기고, 죄를 이기고, 세상을 이기게 하소서. 아이에게 절제의 영을 부어 주셔서 하나님이 설정하신 바운더리를 잘 지키게 하소서. 그 안에서 참 자유를 얻게 하소서.

"다니엘은 뜻을 정하여 왕의 진미와 그의 마시는 포도주로 자기를 더럽히지 아니하리라 하고 자기를 더럽히지 않게 하기를 환관장에게 구하니" 단 1:8.

겸손 하나님 앞에 자신을 낮추게 하소서

"사람의 마음의 교만은 멸망의 선봉이요 겸손은 존귀의 길잡이니라" 잠 18:12.

겸손의 본을 보이신 예수님,
예수님께서 스스로 자신을 낮추시고 죽기까지 순종하심으로, 우리를 구원해주신 것 감사드립니다. 예수님은 낮아지셨지만 하나님께서 높이셔서 모든 이름 위에 뛰어난 이름을 주신 것을 믿습니다. 우리 아이가 매사에 하나님을 먼저 인정하고, 하나님을 경외하는 마음으로 자신을 낮춰, 하나님이 겸손한 자에게 주시는 큰 은혜를 받게 하소서. 하나님의 지혜를 의지함으로 지혜를 얻게 하시고, 하나님의 능력을 의지하여 능력을 얻게 하시고, 하나님께 영광을 돌림으로 하나님의 인정을 받게 하소서.
하나님의 말씀을 들을 때에 겸손하고, 축복에 대해서도 겸손하고, 시련을 당할 때도 겸손하게 대처하고, 자신의 능력과 성공에 대해서도 겸손하고, 다른 사람에게도 겸손하게 하소서. 자신을 스스로 높이는 삶이 아니라, 하나님이 존귀하게 하시고 사람들이 높여 주는 삶을 살게 하소서.

"겸손한 자는 먹고 배부를 것이며 여호와를 찾는 자는 그를 찬송할 것이라 너희 마음은 영원히 살지어다" 시 22:26.

배려 다른 사람을 배려할 줄 아는 아이가 되게 하소서

"의인은 가난한 자의 사정을 알아주나 악인은 알아줄 지식이 없느니라" 잠 29:7.

우리의 처지와 형편을 살펴 주시는 하나님,
우리가 소외되고 가난하고 장애를 가진 이웃들의 어려움을 살피지 못하고, 우리 자신을 돌보는 데에만 바빴던 이기적인 생활을 회개합니다. 우리 아이가 남의 입장에서 생각해 보고, 상대가 무엇이 필요한 지, 어떤 상태에 있는 지를 살피며, 상대방을 존중할 줄 아는 사람이 되게 하소서. 특별히 사회적으로 약한 사람들을 먼저 생각하고, 힘을 주는 사람이 되게 하소서. 가난한 사람들에게 도움을 주고, 억울한 사람들의 인권을 생각하고, 몸이 불편한 사람들을 돌보는 마음을 갖게 하소서.
우리 아이가 어려서부터 다른 사람을 배려하는 마음으로, 이웃을 자기 몸과 같이 사랑하라는 말씀을 실천하게 하소서. 자신의 의견만을 주장하는 것이 아니라, 다른 사람의 의견도 경청하는 사람이 되게 하소서. 우리 아이가 학교에서 따돌림을 당하는 친구도 찾아가 사랑으로 함께 돌보는 아름다운 마음을 가지게 하소서.

"너희가 짐을 서로 지라 그리하여 그리스도의 법을 성취하라" 갈 6:2.

정직 정직한 마음을 주소서

"하나님이여 내 속에 정한 마음을 창조하시고 내 안에 정직한 영을 새롭게 하소서" 시 51:10.

정결한 마음을 창조하시는 하나님,
우리 아이가 하나님 앞에 정직하고 진실한 마음을 가지게 하소서. 거짓된 말이나 부정한 마음으로 하나님과 부모, 사람들을 속이는 아이가 되지 않게 하소서. 하나님은 가장 선하시고 정결하시며, 거짓을 미워하시는 분임을 알게 하소서. 하나님을 닮은 정결한 믿음의 자녀가 되어 날마다 정직한 마음을 품게 하소서. 자신에게 손해가 될지라도 거짓보다는 정직을 택하게 하시고, 속여서 잠깐의 이익을 얻는 것보다 정직하여 오랫동안 신뢰를 받는 사람이 되게 하소서. 말과 행실이 정직하여 모든 사람의 본이 되게 하시고, 하나님이 주시는 칭찬과 사람들의 인정을 받게 하소서. 욥처럼 온전하고 정직하여 하나님을 경외하며 악에서 떠나게 하소서. 정직하게 살려는 저희 아이를 도와주셔서, 하나님의 은혜를 베풀어 주시고, 정직한 사람이 반드시 잘되고 승리한다는 것을 보여주소서.

"여호와 하나님은 해요 방패시라 여호와께서 은혜와 영화를 주시며 정직히 행하는 자에게 좋은 것을 아끼지 아니하실 것임이니이다" 시 84:11.

진실 하나님과 사람 앞에 항상 진실하게 하소서

"거짓 입술은 여호와께 미움을 받아도 진실하게 행하는 자는 그의 기뻐하심을 받느니라" 잠 12:22.

진실한 자를 기뻐하시는 하나님,
우리 아이가 하나님과 사람들과의 관계에서 진실한 사람이 되게 하소서. 진실과 거짓을 분별할 수 있는 지혜를 주시고, 항상 진리의 편에 서게 하소서. 우리 아이들이 사소한 일로부터 진실하여, 하나님이 큰일도 믿고 맡길 수 있는 믿음직한 일꾼이 되게 하소서. 어디서나 아이의 진실이 통하게 하시고, 하나님과 사람들에게 신실한 사람으로 자라나게 하소서.
아이의 진실을 왜곡하거나 이용하는 사람이 없게 하시고, 어려도 진실한 사람으로서 도덕적인 권위를 가지게 하소서. 진실함으로 아이의 말이나 행동에 힘이 실리게 하시고, 아이가 매사에 신뢰 받는 사람이 되게 하소서. 아이가 만나는 사람들과의 인간관계에서 감정은행계좌에 신용이 많이 쌓여서 의사소통이 원활하고 행복감이 넘치게 하소서. 아이가 사실대로 말하게 하시고, 잘못한 것은 솔직히 사과할 줄 알고, 약속한 것은 반드시 지키게 하소서.

"지극히 작은 것에 충성된 자는 큰 것에도 충성되고 지극히 작은 것에 불의한 자는 큰 것에도 불의하니라" 눅 16:10.

양심 깨끗한 양심을 가지게 하소서

"믿음과 착한 양심을 가지라 어떤 이들은 이 양심을 버렸고 그 믿음에 관하여서는 파선하였느니라" 딤전 1:19.

우리의 마음과 생각을 살피시는 하나님,
우리를 날마다 성령님의 감화 아래 살게 하시고, 예수님의 피로 양심을 깨끗하게 해주신 것을 감사합니다. 아이에게 주신 선한 양심이 아이를 하나님과 세상 앞에서 착하고 존경받는 사람으로 세우게 하소서. 아이에게 하나님이 주신 선한 양심을 따라, 청결한 마음을 가지고 올바른 삶을 살게 하소서. 양심에 가책이 되는 일은 아무리 이익이 있더라도 멀리하게 하시고, 양심이 가르치는 일은 손해가 되더라도 행하게 하소서. 바울처럼 하나님과 사람 앞에 양심에 거리낌이 없기를 힘쓰게 하소서.
우리 아이가 디모데처럼 선한 양심과 거짓 없는 믿음을 가지고 매사를 사랑으로 행하게 하소서. 아이가 믿는 자들에게 하나님을 닮은 사람으로 인정받을 뿐 아니라, 믿지 않는 사람들에게도 깨끗한 양심의 소유자로 존경받게 하소서. 아이가 착한 행실과 선한 양심, 그리고 그 안에 믿음의 비밀을 간직하게 하소서.

"나를 훈계하신 여호와를 송축할지라 밤마다 내 양심이 나를 교훈하도다" 시 16:7.

용기 의로운 용기를 주소서

"너는 여호와를 기다릴지어다 강하고 담대하며 여호와를 기다릴지어다" 시 27:14.

강하고 담대하라고 말씀하시는 하나님,
우리가 세상에서 강하고 담대하게 사는 길은 오직 하나님을 의지하고 하나님의 도움을 받을 때임을 믿습니다. 우리 아이와 언제나 함께 해주시고, 하나님의 강한 손으로 붙들어 주소서. 우리 아이가 하나님의 말씀을 따라 행할 때 담대함을 주소서. 아이에게 의로운 삶에서 오는 용기도 주셔서 세상의 불의와 맞설 수 있게 하시고, 세상이 감당 못할 의로운 용기를 주소서. 하나님께서 내면에 들려주시는, 응원하시는 음성을 들으면서 담대하게 순종하며 나아가게 하소서.
우리 아이가 언제 어디서나 하나님이 함께하신다는 사실을 굳게 믿고, 두려움을 무릎 쓰고 용기를 내게 하소서. 모세나 다니엘처럼 자신의 의견을 당당하게 피력할 줄 알며 어려움을 뚫고 나갈 수 있는 용기를 주소서. 여호수아처럼 하나님의 임재를 확신하고 담대하게 나아가 하나님이 주시는 승리를 얻게 하소서.

"두려워 말라 내가 너와 함께 함이니라 놀라지 말라 나는 네 하나님이 됨이니라 내가 너를 굳세게 하리라 참으로 너를 도와주리라 참으로 나의 의로운 오른손으로 너를 붙들리라" 사 41:10.

열정 하나님을 향한 열정을 주소서

"부지런하여 게으르지 말고 열심을 품고 주를 섬기라" 롬 12:11.

열심이 한이 없으신 하나님,
하나님께서 무한한 사랑의 열정으로 우리들을 구원하심을 찬양합니다. 우리들을 어느 상황에서도 포기하지 않으시고, 찾아오시고 친히 인도하심을 감사합니다. 우리의 머리카락 하나까지도 다 세시는 그 하나님의 열정, 우리의 호흡 하나까지도 다 주관하시는 그 열정, 잃은 양 한 마리를 찾기까지 찾으시는 그 열정, 우리의 구원을 위해 십자가에서 온몸의 피를 다 쏟으시는 그 열정에 감사합니다. 그 하나님의 열정이 우리를 살리셨습니다.
우리 아이로 하여금 하나님의 그 거룩한 열심을 품게 하소서. 아이에게 열심을 주소서. 하나님의 뜻을 이루기까지 열심을 다하여 공부하고 일하며 사랑하게 하소서. 하나님의 열정으로 아이의 영혼을 덮으셔서, 그 열정으로 심장이 뛰게 하시고, 그 열정으로 눈빛이 빛나게 하시고, 그 열정으로 움직이게 하소서. 하나님의 열정을 식물로 삼아 하나님이 주신 비전을 이루게 하소서.

"이는 남은 자가 예루살렘에서 나오며 피하는 자가 시온 산에서 나올 것임이라 만군의 여호와의 열심이 이를 이루시리이다" 사 37:32.

자족 주어진 것에 감사하고 자족하는 마음을 주소서

"그러나 자족하는 마음이 있으면 경건은 큰 이익이 되느니라" 딤전 6:6.

주님 안에서만 참 만족을 얻게 하신 하나님,
우리 아이가 하나님을 삶의 중심에 모심으로 어떤 형편에서든지 자족하는 마음을 가지게 하소서. 부유하든지 그렇지 않든지, 높은 자리에 있든지 그렇지 않든지, 누가 알아주든지 그렇지 않든지 자족하는 마음으로 안정적인 삶을 누리게 하소서. 있다고 교만하지 않고 없다고 비굴하지 않는 삶을 살게 하소서. 어느 자리에서든지 감사하는 마음을 잊지 않게 하소서. 자족하는 마음을 통해 우리 아이의 입가에 늘 기쁨과 감사가 있게 하시고, 여유로운 마음으로 살아가게 하소서.

우리 아이가 주변 상황을 보기보다는 믿음으로 하나님을 바라보게 하소서. 자신의 부족함보다는 주님의 능력을 더 의지함으로 하나님의 풍성하심을 경험하게 하소서. 있는 것은 은혜로 여기고, 없는 것은 기도제목으로 삼게 하소서. 주어진 것에 감사하는 아이의 삶이 나날이 더욱 풍요로워지게 하소서.

"내가 궁핍함으로 말하는 것이 아니라 어떠한 형편에든지 나는 자족하기를 배웠노니 나는 비천에 처할 줄도 알고 풍부에 처할 줄도 알아 모든 일 곧 배부름과 배고픔과 풍부와 궁핍에도 처할 줄 아는 일체의 비결을 배웠노라" 빌 4:11.

품위 말이나 행동이 품위가 있게 하소서

"모든 것을 품위 있게 하고 질서 있게 하라" 고전 14:40.

모든 것을 적합하고 아름답게 만드신 하나님,
하나님은 어두운 세상, 썩어 가는 세상에서 우리에게 빛과 소금이 되라고 말씀하셨습니다. 하지만 우리가 세상에서 하나님의 자녀로서 존경받을 만한 삶을 살지 못했음을 이 시간 고백합니다. 우리 아이가 세상을 밝히시는 빛 되신 주님, 세상을 고치시는 주님을 본받아 살아가게 하소서. 아이의 모든 말과 행동과 태도가 품위가 있어 세상에 선한 영향력을 미치게 하소서.
우리 아이가 거룩하고 품격 있는 삶을 통해서 사람들에게 칭찬받고 존중받을 수 있는 인물이 되기를 소원합니다. 그리스도의 향기가 되어 생명을 가져오고, 사랑을 나누어 주는 고결한 삶을 살게 하소서. 아이의 입술에 거짓이나 욕설이나 비방하는 말이 없게 하시고, 아이의 행동에 무례함이나 조급함이나 미숙함이 없게 하소서. 모든 상황에 적합한 행동과 책임 있는 행동으로 주위의 모든 사람에게 본이 되게 하소서. 항상 주님을 모시고 품위 있게 살게 하소서.

"그의 가지는 퍼지며 그의 아름다움은 감람나무와 같고 그의 향기는 레바논 백향목 같으리니" 호 14:6.

관용 모든 사람에게 관용을 나타내게 하소서

"너희 관용을 모든 사람에게 알게 하라 주께서 가까우시니라" 빌 4:5.

모두에게 친절하신 하나님,
우리는 주님의 관용이 없이는 한순간도 살아갈 수 없는 죄인임을 고백합니다. 결점이 많은 우리를 사랑으로 용납하여 주시고, 반복되는 잘못에도 용서하여 주시고, 우리가 돌아오기만을 기다리시는 주님을 찬양합니다. 탕자를 받아주시던 아버지의 사랑으로 우리를 받아주신 것을 감사합니다. 주님의 그 크신 사랑과 용납을 받아 하나님의 자녀가 된 우리 아이가 다른 사람에 대해서도 주님의 관용을 보이게 하소서.
주님의 관용으로 우리에게 잘못하고 우리를 힘들게 했던 사람조차 사랑하고 용서하게 하소서. 우리를 힘들게 했던 사람들을 생각하면 화가 나고 힘들지만, 이보다 앞서 우리를 용납하시고 받아주신 주님을 생각하면서 다른 사람들을 용납하게 하소서. 다른 사람을 비방하거나 다른 사람과 다투지 않고, 관용하며 온유한 아이가 되게 하소서. 우리 아이가 마음이 넓고 온순하며 성결하면서 평화로운 사람이 되게 하소서.

"오직 위로부터 난 지혜는 첫째 성결하고 다음에 화평하고 관용하고 양순하며 긍휼과 선한 열매가 가득하고 편견과 거짓이 없나니" 약 3:17.

야곱의 축복기도

"요셉은 무성한 가지 곧 샘 곁의 무성한 가지라 그 가지가 담을 넘었도다 활 쏘는 자가 그를 학대하며 적개심을 가지고 그를 쏘았으나 요셉의 활은 도리어 굳세며 그의 팔은 힘이 있으니 이는 야곱의 전능자 이스라엘의 반석인 목자의 손을 힘입음이라 네 아버지의 하나님께로 말미암나니 그가 너를 도우실 것이요 전능자로 말미암나니 그가 네게 복을 주실 것이라 위로 하늘의 복과 아래로 깊은 샘의 복과 젖먹이는 복과 태의 복이리로다 네 아버지의 축복이 내 선조의 축복보다 나아서 영원한 산이 한없음같이 이 축복이 요셉의 머리로 돌아오며 그 형제 중 뛰어난 자의 정수리로 돌아오리로다" 창 49:22-26.

4장
관계를 위한 기도

임재 · 가정 · 부모 · 형제 · 친구 ·
이웃 · 스승 · 교회 · 환대 · 화목 · 협동 ·
나라사랑 · 질서 · 리더십 · 자연

"보라 형제가 연합하여 동거함이 어찌 그리 선하고
아름다운고" 시편 133:1.

자녀와 함께 드리는 예배

모든 관계가 형통하게 하소서

찬송 384장(통 434장) 나의 갈 길 다 가도록

말씀봉독 "주 예수 그리스도의 은혜와 하나님의 사랑과 성령의 교통하심이 너희 무리와 함께 있을지어다" 고후 13:13.

메시지 하나님은, 성부 성자 성령 삼위이시면서 일체이신 분입니다. 성삼위일체의 신비는 우리 인간으로서는 헤아릴 길이 없습니다. 이것은 완벽하고 온전한 관계의 비밀입니다. 세상에서 경험할 수 없는 것이기에 이해하기가 힘듭니다. 그러나 우리가 그 관계 안에 들어가면 자연히 믿어지게 됩니다. 우리는 먼저 하나님과 막힌 담이 없이 소통해야 하고, 하나님을 통하여 서로 통하고, 만물과도 통해야 합니다. 피가 원활하게 돌아야 건강한 몸을 유지할 수 있는 것같이 우리가 관계를 맺고 있는 모든 것이 서로 잘 소통되어야 형통한 삶을 살 수 있습니다. 소통하지 못하면 고통을 당하게 됩니다. 대인관계에 형통하고, 물질관계에 형통해야 합니다. 성령님은 소통케 하시는 영입니다. 오순절 성령 강림 사건처럼 성령님의 도움으로 우리 아이들이 하나님과 통하고, 사람들과 통하고, 물질 관계에 형통하기를 바랍니다. 우리가 맺는 모든 관계가 원활하게 소통되기 위해서 기도해

야 하겠습니다.

기도 일치와 소통의 하나님,
예수님으로 말미암아 하나님과 자녀의 관계를 맺게 해주심을 감사합니다. 성령님 안에서 하나님과 아무런 막힌 담이 없이 항상 잘 통하는 삶을 살게 하소서. 성령님의 도우심으로 잘 알아듣고 바른 말로 소통하여 가족 사이에 마음과 생각이 잘 통하게 하소서. 영적 지도력을 주셔서 다른 사람들과도 좋은 관계를 맺게 하소서. 우리 아이의 모든 대인관계가 성령님 안에서 원활하게 하소서.
기도와 말씀으로 하나님과 친밀한 관계를 맺게 하시고, 사랑과 지혜로 인간관계를 평화롭게 만들어 가며, 은혜와 축복으로 물질의 풍요로움을 누리게 하소서. 우리 아이가 범사에 좋은 관계를 맺음으로, 자신의 세계가 깊어지고 넓어지게 하소서. 하나님의 **능력** 안에서 아이의 모든 관계가 **형통**하며 선한 영향력이 날로 확장되게 하소서.

"이제 인내와 위로의 하나님이 너희로 그리스도 예수를 본받아 서로 뜻이 같게 하여 주사 한마음과 한 입으로 하나님 곧 우리 주 예수 그리스도의 아버지께 영광을 돌리게 하려 하노라" 롬 15:5-6.

임재 주님의 임재 안에 살게 하소서

"내 안에 거하라 나도 너희 안에 거하리라 가지가 포도나무에 붙어 있지 아니하면 스스로 열매를 맺을 수 없음같이 너희도 내 안에 있지 아니하면 그러하리라" 요 15:4.

거하실 처소를 찾으시는 하나님,
우리 아이의 마음이 하나님이 거하시는 거룩한 성소가 되어 평생을 하나님과 동행하는 삶을 살게 하소서. 하나님과 동행할 때, 의롭고 온전한 사람이 되는 줄로 믿습니다. 마음이 하나님과 일치하여 거룩하게 하시고, 뜻이 하나님의 뜻으로 합하게 하시고, 하나님이 이끄시는 길이 인생의 목적이 되게 하소서. 예수님이 우리 아이 안에, 우리 아이가 예수님 안에 거함으로 예수님이 원하시는 열매를 많이 맺게 하소서.

무슨 일을 하는지 주님께 하듯 하고, 항상 주님 앞에서 행한다는 임재의식을 가지고 살게 하소서. 모든 일 가운데 하나님을 기억하고 찬양하며 도움을 구하며 감사하며 살게 하소서. 마음과 생각과 관심을 오직 주님께로 향하고, 주님과 대화하면서 친밀하게 살게 하소서. 성령님이 공급하시는 능력과 인도하심으로 담대하게 늘 승리하며 살게 하소서.

"이것이 노아의 족보니라 노아는 의인이요 당대에 완전한 자라 그는 하나님과 동행하였으며" 창 6:9.

가정 화목한 가정을 이루게 하소서

"마른 떡 한 조각만 있고도 화목하는 것이 제육이 집에 가득하고도 다투는 것보다 나으니라" 잠 17:1.

예수님만 섬기는 복된 가정을 주신 하나님,
이 땅에서 하나님 나라를 앞당겨 누릴 수 있는 복된 가정을 주심을 감사합니다. 하나님의 사랑과 용서, 예수님의 은혜와 치유, 성령님의 위로와 평안이 항상 넘치는 가정이 되게 하소서. 하나님의 복과 가족의 사랑이 충만한 가정이 되게 하소서.
드넓은 바다와 같은 아버지의 관대함으로, 따스한 봄 햇살 같은 어머니의 사랑으로, 밤하늘의 별과 같이 초롱초롱 빛나는 아이들의 순수함으로, 사랑과 기쁨이 넘치는 행복한 가정이 되게 하소서. 말씀을 가르치는 아버지, 기도의 무릎을 꿇는 어머니, 아름다운 꿈을 꾸는 아이로 인해 소망의 열매가 영글어 가는 가정이 되게 하소서. 우리 가정에 하나님이 주인이 되셔서 범사를 살펴 주시고, 예수님이 목자가 되셔서 우리의 필요를 채워 주시고, 성령님이 인도자가 되셔서 진리 가운데로 행하게 하소서. 부모의 은혜를 아는 자녀, 자녀의 복을 누리는 부모가 되게 하소서.

"거기 곧 너희의 하나님 여호와 앞에서 먹고 너희의 하나님 여호와께서 너희의 손으로 수고한 일에 복 주심으로 말미암아 너희와 너희의 가족이 즐거워할지니라" 신 12:7.

부모 ─ 자랑스러운 자녀, 복된 부모가 되게 하소서

"네 부모를 즐겁게 하며 너를 낳은 어미를 기쁘게 하라" 잠 23:25.

부모의 사랑을 통하여 하나님을 알게 하시는 하나님,
하나님을 믿는 가정에서 아이들이 하나님의 사랑을 받으며 은혜 안에서 자라게 하심을 감사합니다. 세상의 어떤 것보다 하나님을 알게 해주신 부모님께 감사하며 부모의 믿음을 이어받는 아이가 되게 하소서. 우리의 하나님이 아이의 하나님이 되게 하소서. 하나님의 말씀대로 부모에게 순종하며 효도하는 아이가 되게 하소서. 부모를 공경하는 자녀에게 땅에서 잘 되고 장수하는 복을 주신다고 약속하셨으니, 착하고 사랑스러운 우리 아이가 건강하고 훌륭한 사람이 되는 복을 받게 하소서.
예수님의 어린 시절처럼 우리 아이도 부모를 기쁘게 하고, 하나님과 사람들에게 칭찬을 받는 자랑스러운 아이가 되게 하소서. 우리 아이로 하여금 부모가 언제나 자신을 사랑하며 믿으며 용납한다는 사실을 잊지 않게 하소서.

"네 부모를 공경하라 그리하면 네 하나님 여호와가 네게 준 땅에서 네 생명이 길리라" 출 20:12.

형제 우애가 돈독한 자녀들이 되게 하소서

"친구는 사랑이 끊어지지 아니하고 형제는 위급한 때를 위하여 났느니라" 잠 17:17.

사랑스러운 형제자매를 주시는 하나님,
우리 가정에 귀한 자녀들을 맡겨 주신 것 감사합니다. 아이들이 예수님의 사랑을 본받아 서로 사랑하고 존중하며 배려하는 마음을 갖게 하소서. 아이들이 평생 서로 보살피며 이끌어 주고 우애가 돈독하게 하소서. 아이들이 어려운 일이 있을 때에 서로 위로하며, 서로 힘껏 도우며, 서로에게 큰 힘이 되게 하소서. 기쁜 일이 있을 때 진심으로 축하하며 함께 즐거워하게 하소서. 형제자매간의 희생적인 사랑을 실천함으로 하나님의 사랑을 더욱 알아가게 하시고, 서로를 위해 축복하고 기도함으로 하나님의 뜻을 이루게 하소서. 신실한 마음으로 서로가 서로에게 선한 영향력을 끼치고, 서로를 격려함으로 모두 다 잘 되게 하소서. 형제자매를 사랑하는 마음으로 주위의 믿음의 형제인 형 누나 동생들에게도 가족 같은 마음으로 사이좋게 지내고 덕을 베푸는 하나님의 귀한 자녀가 되게 하소서.

"형제를 사랑하여 서로 우애하고 존경하기를 서로 먼저 하며" 롬 12:10.

친구 진실한 우정을 나눌 수 있는 친구를 사귀게 하소서

"지혜로운 자와 동행하면 지혜를 얻고 미련한 자와 사귀면 해를 받느니라" 잠 13:20.

함께 할 수 있는 친구를 주시는 하나님,
우리 아이가 이 세상에 사는 동안 진실한 친구를 사귀게 하소서. 마음이 통하며 믿음을 나누며 비전을 함께 이루어 가는 평생 친구를 주소서. 우리 아이가 먼저 좋은 친구가 되게 하시고, 우리 아이도 좋은 친구를 사귀게 하소서. 순전한 믿음을 가진 친구, 선한 성품을 가진 친구, 지혜로운 친구, 아름다운 습관을 가진 친구, 서로가 서로에게 착한 영향력을 끼치는 친구가 되게 하소서. 다윗에게 요나단이 있어서 하나님이 함께하심을 알 수 있었고, 어려움 가운데 힘을 얻었던 것처럼, 다니엘에게 세 친구가 있어서 하나님을 향한 믿음을 굳게 지킬 수 있었던 것처럼, 중풍병자에게 네 명의 친구가 있어서 치유를 받을 수 있었던 것처럼, 서로를 진심으로 위해 주는 친구를 갖게 하소서. 친밀한 우정 가운데 서로 사랑하며 기도해주며 동역하는 우정을 나누게 하소서. 친구로 인하여 우리 아이의 인생이 더욱 밝고 아름답게 빛나게 하소서.

"많은 친구를 얻는 자는 해를 당하게 되거니와 어떤 친구는 형제보다 친밀하니라" 잠 18:24.

이웃 언제나 선한 이웃을 만나게 하소서

"우리 각 사람이 이웃을 기쁘게 하되 선을 이루고 덕을 세우도록 할지니라" 롬 15:2.

착한 이웃이 되라고 말씀하시는 하나님,
우리가 먼저 어려움을 당한 사람들에게 다가가 착한 이웃에 되게 하소서. 우리 아이가 인생길에서 만나는 모든 이웃에게 사랑과 호의를 베풀 수 있는 사람이 되게 하소서. 우리 아이가 이웃과 사이좋게 지내게 하시고, 기회가 나는 대로 예수님을 전하게 하소서. 말보다는 행동으로 이웃에게 본이 되게 하시고, 예수님의 향기가 이웃에게 퍼져 가게 하소서.
우리 아이가 좋은 이웃을 만나게 하셔서 서로의 삶을 나누며 즐겁게 살게 하소서. 집 가까운 곳에 사는 사람들뿐 아니라, 동네에서 만나는 아이들, 학교에서 같이 공부하는 아이들, 교회에서 만나는 사람들, 길에서 만나는 사람들과도 좋은 관계를 맺게 하소서. 우리 아이의 이웃의 범위가 확장되어 이 땅에서 나그네 된 외국인들, 그리고 다른 나라에 사는 사람들까지도 생각하며 도울 수 있는 폭넓은 사람이 되게 하소서.

"원수를 갚지 말며 동포를 원망하지 말며 네 이웃 사랑하기를 네 자신과 같이 사랑하라 나는 여호와이니라" 레 19:18.

스승 평생에 좋은 멘토를 만나게 하소서

"지혜자들의 말씀들은 찌르는 채찍들 같고 회중의 스승들의 말씀들은 잘 박힌 못 같으니 다 한 목자가 주신 바이니라" 전 12:11.

사람을 통해 이끄시는 하나님,
우리 아이에게 존경하고 따를 수 있는 믿음의 멘토를 만나게 하소서. 여호수아에게 모세가 있었고, 엘리사에게 엘리야가 있었고, 디모데에게 바울이 있었고, 열두 제자에게 예수님이 계셨던 것처럼, 본받을 것이 많은 훌륭한 스승을 주소서. 그 스승을 따르면서 믿음과 지혜와 인격과 학문이 골고루 잘 자라게 하소서. 학교에서도 좋은 선생님을 만나게 하셔서 공부하는 것을 좋아하면서 즐겁게 학교생활을 하게 하소서. 교회에서도 선생님에게 많은 사랑을 받으며 말씀의 가르침을 잘 받게 하소서. 책을 통해서도 훌륭한 사람들의 인생을 배우게 하소서. 인생의 멘토로 삼을 만한 분들을 여러 분야에서 만나게 하시고 그들을 통하여 아이의 재능과 실력이 빛을 발하게 하소서. 우리 아이가 멘토를 보고 귀한 것을 배웠듯이, 앞으로 자신도 후배들에게 좋은 본을 보이는 훌륭한 멘토가 되게 하소서.

"이를 위하여 내가 전파하는 자와 사도로 세움을 입은 것은 참말이요 거짓말이 아니니 믿음과 진리 안에서 내가 이방인의 스승이 되었노라" 딤전 2:7.

교회 평생 섬길 좋은 교회를 만나게 하소서

"또 내가 네게 이르노니 너는 베드로라 내가 이 반석 위에 내 교회를 세우리니 음부의 권세가 이기지 못하리라" 마 16:18.

이 땅에 교회를 세우신 하나님,
우리 아이가 주님의 몸 된 교회를 좋아하고 사랑하며, 소중하게 여기며 잘 섬기게 하소서. 교회에 가는 것을 좋아하고, 교회에서 드리는 예배와 성도들의 사귐을 귀하게 여기게 하소서. 하나님이 주신 은사를 따라 교회를 섬기며, 평생 교회를 중심으로 신앙생활을 하게 하소서.
모세가 불타는 떨기나무 앞에서 신을 벗었듯이, 우리도 세상의 신을 벗고 주님의 거룩한 교회로 나아가기를 원합니다. 우리 교회가 하나님의 영광이 가득한 교회, 예수님의 은혜가 충만한 교회, 성령의 역사가 풍성한 교회, 말씀이 살아 역사하는 교회, 성도들이 뜨겁게 사랑하는 교회가 되게 하소서. 우리 아이가 다니는 교회는 음부의 권세가 이길 수 없는 교회, 믿음의 반석 위에 세워진 교회, 천국의 열쇠를 가진 교회가 되게 하소서. 내가 교회이고, 우리가 교회이니, 아이가 다니는 교회가 이렇게 성숙하고 건강한 교회가 되게 하소서.

"자기 앞에 영광스러운 교회로 세우사 티나 주름 잡힌 것이나 이런 것들이 없이 거룩하고 흠이 없게 하려 하심이라" 엡 5:27.

환대 부지중에 천사를 대접하게 하소서

"성도들의 쓸 것을 공급하며 손 대접하기를 힘쓰라" 롬 12:13.

우리를 영접하시는 하나님,
우리 아이가 손을 펴서 많은 사람들에게 주님의 사랑을 전하게 하소서. 아브라함이 알지 못하는 중에 손님을 대접하다가 천사를 대접하게 되고, 하나님으로부터 복을 받고, 새로운 일에 대한 소식을 들었던 것을 믿습니다. 우리 아이도 손님을 대접하다가 하나님을 대접하게 하시고, 하나님으로부터 복을 받고, 새로운 세계가 열리게 하소서. 특별히 어리고 약한 자를 돌보는 것이 예수님을 대접하는 것이라 하셨으니, 불우하고 가난하고 장애를 가진 이웃들을 잘 돌보아 하나님을 기쁘시게 하소서. 복음 전파를 위해 수고하는 선교사님이나 주의 종도 잘 대접하여 선지자의 상을 받게 하시고, 그들의 사역에 훌륭한 동역자가 되게 하소서. 우리 아이의 마음이 사랑으로 점점 넓어져서 세상을 품을 수 있는 위대한 사람이 되게 하소서.

"내가 떡을 조금 가져오리니 당신들의 마음을 상쾌하게 하신 후에 지나가소서 당신들이 종에게 오셨음이니이다 그들이 이르되 네 말대로 그리하라" 창 18:5.

관계를 위한 기도

화목 어디를 가든지 화평을 이루는 사람이 되게 하소서

"모든 것이 하나님께로서 났으며 그가 그리스도로 말미암아 우리를 자기와 화목하게 하시고 또 우리에게 화목하게 하는 직분을 주셨으니" 고후 5:18.

예수님의 사랑 안에서 화목하기를 원하시는 하나님,
우리 아이가 하나님의 자녀답게 세상에서 평화를 이루는 사람이 되게 하소서. 예수님이 십자가의 피로 하나님과 우리를 화목하게 하셨으니, 우리 아이가 먼저 하나님과 화목하고 평안을 누리는 복을 받게 하소서. 우리 아이가 하나님과 화평을 누릴 뿐 아니라, 하나님의 자녀로서 세상에서 화목하게 하는 직분을 잘 감당하게 하소서. 하나님과 사람 사이, 사람과 사람 사이, 사람과 자연 사이, 나라와 나라 사이에 평화를 이루는 아이가 되게 하소서. 형제와 화목함이 없이 드리는 예배는 형식적인 것이니, 먼저 모두와 화평하고 하나님이 받으시는 예배를 드리게 하소서. 우리 아이가 어디를 가든지 그곳에 평화가 이루어지게 하소서. 우리 아이가 평화를 만드는 사람이 되어 어디를 가든지 환영을 받게 하시고, 우리 아이가 있는 가정, 학교, 교회, 사회에 웃음꽃이 피어나게 하소서. 할 수 있으면 모든 사람과 화목하게 하소서.

"예물을 제단 앞에 두고 먼저 가서 형제와 화목하고 그 후에 와서 예물을 드리라" 마 5:24.

[협동] 다른 사람과 더불어 사는 지혜를 주소서

"보라 형제가 연합하여 동거함이 어찌 그리 선하고 아름다운고" 시 133:1.

우리 가운데 함께 계시는 하나님,
우리 아이가 다른 사람들과 연합하여 하나님을 섬길 수 있는 사람이 되게 하소서. 자신에게 주어진 특별한 재능과 실력을 잘 개발하면서도 다른 사람들과 함께 자라는 법을 배우게 하소서. 다른 사람들을 경쟁자가 아니라 협력자요 동반자로 삼을 수 있는 지혜와 아량을 주소서. 학교에 가면 다른 친구들과 사이좋게 지내고, 앞으로 사회에 나가면 동료들과 서로 세워주는 관계를 맺게 하소서.
교회에서 함께 믿음생활하는 사람들과 형제처럼 연합하며, 더불어 하나님을 영화롭게 하는 일에 하나가 되게 하소서. 우리 아이에게 리더십을 주셔서 다른 사람들의 마음을 움직여 협력을 이끌어 내게 하시고, 다른 사람이 리더 하는 일에도 참여하여 진심으로 조력하게 하소서.

"온몸이 머리로 말미암아 마디와 힘줄로 공급함을 받고 연합하여 하나님이 자라게 하시므로 자라느니라" 골 2:19.

나라사랑 대한민국을 빛낼 인물이 되게 하소서

"형제들아 내 마음이 원하는 바와 하나님께 구하는 바는 이스라엘을 위함이니 곧 그들로 구원을 받게 함이라" 롬 10:1.

한국 사람으로 태어나게 하신 하나님,
하나님을 잘 믿으면 세계 민족 위에 뛰어나게 하신다는 말씀대로, 우리 아이가 세계 앞에 대한민국을 알리는 사람이 되게 하소서. 우리나라를 지켜 주시고 속히 남북이 통일이 되어 하나님을 잘 믿는 나라가 되게 하소서. 대한민국이 물질적으로만 풍요로운 나라가 아니라 하나님의 말씀을 세상에 전하는 제사장 국가가 되게 하소서. 우리 아이가 하나님의 나라와 한국을 빛내는 인물이 되게 하소서. 우리나라 각 분야에서 하나님의 자녀들이 두각을 나타내게 하소서.
느헤미야가 예루살렘이 황폐해졌다는 소식을 듣고 금식하며 통곡했던 것처럼, 우리 아이가 나라와 민족을 위하여 거룩한 부담감을 가지고 눈물로 기도하게 하소서. 에스더처럼 내 민족을 내게 달라고 기도하게 하소서. 우리 아이가 나라를 위해 위대한 일을 할 수 있는 인물이 되게 하소서.

"왕후 에스더가 대답하여 이르되 왕이여 내가 만일 왕의 목전에서 은혜를 입었으며 왕이 좋게 여기시면 내 소청대로 내 생명을 내게 주시고 내 요구대로 내 민족을 내게 주소서" 에 7:3.

질서 사회와 사람 간의 질서를 잘 지키게 하소서

"이는 내가 육신으로는 떠나 있으나 심령으로는 너희와 함께 있어 너희가 질서 있게 행함과 그리스도를 믿는 너희 믿음이 굳건한 것을 기쁘게 봄이라" 골 2:5.

혼돈과 어둠 속에서 질서를 창조하신 하나님,
하나님의 지혜와 섭리를 따라 자연 만물과 인간 세상을 보시기에 좋게 만드신 하나님, 우리가 하나님의 창조질서에 합당하게 자연을 대하고, 가정과 학교, 사회에서도 질서 있게 행하게 하소서. 우리 아이가 질서를 잘 지켜 성숙한 시민이 되게 하시고, 조화로운 생활을 하여 건강하고 안정적인 생활을 하게 하소서. 믿음생활에 있어서도 말씀과 행동에 균형 잡힌 영성을 지니게 하소서. 하나님과의 수직적인 질서, 사람들 간의 수평적인 질서, 모두를 잘 지켜서 삶의 무게 중심이 잘 잡히게 하소서. 일을 할 때도 우선순위를 바로 세워서 중요한 것부터 하게 하소서. 우리 아이가 자신의 몸과 마음도 잘 다스려서 건강한 생활습관과 바른 마음가짐을 지니게 하소서. 시간 활용이나 물질을 쓰는데 있어서도 모든 것을 적당히 하고 규모 있게 하소서. 너무 과하거나 모자람이 없이 매사를 질서 정연하게 하소서.

"하나님은 무질서의 하나님이 아니시요 오직 화평의 하나님이시니라" 고전 14:33.

리더십 성령 충만한 지도자가 되게 하소서

"모세가 그에게 이르되 네가 나를 두고 시기하느냐 여호와께서 그의 영을 그의 모든 백성에게 주사 다 선지자가 되게 하시기를 원하노라" 민 11:29.

모두 다 지도자가 되기를 원하시는 하나님,
우리 아이가 성령이 충만한 사람이 되어 자신의 삶을 먼저 잘 다스릴 수 있는 사람이 되게 하소서. 아이가 사람들에게 비전을 보여 주고, 그들의 마음을 감동시켜 움직이게 하는 탁월한 영적 리더십을 갖추게 하소서. 학교에서나 교회에서나 앞으로 세상에서 성경적 세계관으로 사람들을 선도해 나가는 지도자가 되게 하소서. 사람들 앞에 군림함으로가 아니라 섬김으로 선한 영향력을 미치게 하시고, 말로가 아니라 행함으로 본이 되게 하소서.
하나님과 자신, 그리고 다른 사람에 대한 책임감을 가지고 주도적인 삶을 살게 하소서. 시대의 조류에 흘러가거나 남이 하는 대로 따라가는 생활이 아니라, 분명한 목적을 정하고 올바른 결정을 내리면서 자신과 다른 사람에게 아름다운 결과를 가져오게 하소서.

"너희 중에는 그렇지 않을지니 너희 중에 누구든지 크고자 하는 자는 너희를 섬기는 자가 되고 너희 중에 누구든지 으뜸이 되고자 하는 자는 모든 사람의 종이 되어야 하리라" 막 10:43-44.

자연 '녹색은총'을 입게 하소서

"하나님이 그들에게 복을 주시며 하나님이 그들에게 이르시되 생육하고 번성하여 땅에 충만하라, 땅을 정복하라, 바다의 물고기와 하늘의 새와 땅에 움직이는 모든 생물을 다스리라 하시니라" 창 1:28.

자연 만물을 만드신 하나님,
우리 아이가 하나님이 만드신 자연을 가까이 하며, 태초부터 주신 녹색은총을 누리게 하소서. 우리 아이가 하나님이 맡겨 주신 자연에 대한 청지기 역할을 잘 감당하게 하소서. 각 종류대로 만드신 식물과 동물들을 아끼며 잘 돌보고, 이유 없이 훼손하거나 학대하지 않게 하소서. 지구를 건강하게 보존하며 물이나 공기를 맑게 만드는데 노력하고, 한정된 자원을 아껴서 쓰고, 재활용할 수 있는 것은 다시 쓰게 하소서. 하나님이 주신 자연은 다음 세대에서 빌려 쓰는 소중한 사산이라는 것을 깨닫고 잘 지키고 바르게 활용하게 하소서. 아이가 하늘과 달과 별을 보며 하나님을 찬양하고, 산과 바다와 강에 나아가 마음의 쉼을 얻으며, 식물과 생물을 통하여 육체의 건강을 얻게 하소서. 아이가 거룩한 생명의 연결고리 역할을 잘 감당하게 하소서. 자연의 소리를 들을 수 있는 예민한 감성을 주소서.

"그의 십자가의 피로 화평을 이루사 만물 곧 땅에 있는 것들이나 하늘에 있는 것들이 그로 말미암아 자기와 화목하게 되기를 기뻐하심이라" 골 1:20.

모세의 축복기도 |

"원하건대 그 땅이 여호와께 복을 받아 하늘의 보물인 이슬과 땅 아래에 저장한 물과 태양이 결실하게 하는 선물과 태음이 자라게 하는 선물과 옛 산의 좋은 산물과 영원한 작은 언덕의 선물과 땅의 선물과 거기 충만한 것과 가시떨기나무 가운데에 계시던 이의 은혜로 말미암아 복이 요셉의 머리에, 그의 형제 중 구별한 자의 정수리에 임할지로다 그는 첫 수송아지 같이 위엄이 있으니 그 뿔이 들소의 뿔 같도다 이것으로 민족들을 받아 땅 끝까지 이르리니 곧 에브라임의 자손은 만만이요 므낫세의 자손은 천천이리로다" 신 33:13-17.

5장
안전을 위한 기도

고난 • 환난 • 시험 • 정욕 • 질병 • 재난 •
유혹 • 불안 • 염려 • 불평 • 핍박 • 대적

"하나님은 우리의 피난처시요 힘이시니 환난 중에
만날 큰 도움이시라" 시편 46:1.

자녀와 함께 드리는 예배

하나님의 보호하심 아래 안전을 누리게 하소서

찬송 419장(통 478) 주 날개 밑 내가 편안히 쉬네

말씀봉독 "여호와의 이름은 견고한 망대라 의인은 그리로 달려가서 안전함을 얻느니라" 잠 18:10.

메시지 이 험한 세상을 살면서 우리는 언제 어디에서 누구에게 무슨 일을 당할지 알 수 없습니다. 오직 전지전능하신 하나님만이 모든 것을 아시고 모든 일로부터 우리를 완벽하게 지켜 주실 수 있습니다. 그러므로 우리가 이 세상에서 의지할 이름은 오직 하나님밖에 없습니다. 하나님이 우리의 피난처, 산성, 반석, 그늘이 되어 주실 때, 우리는 안전을 누릴 수 있습니다. 주의 팔에 안길 때에 우리는 평안을 얻습니다. 하나님의 자녀를 "하나님께서 황무지에서 짐승이 부르짖는 광야에서 만나 호위하시고 보호하시며 자기의 눈동자같이 지키신다" 신 32:10고 약속하셨으니, 이 말씀을 붙들고 나아갑시다. 하나님은 우리의 피난처가 되어 주시고 어려움을 당할 때에 도움이 되십니다. 우리는 자신의 지혜나 다른 사람의 힘을 의지하지 않고, 오직 하나님의 이름을 의지하고 담대하게 나아갑니다. 하나님의 이름이 우리의 안전지대입니다. 인생의 모든 순간이 하나님의 보호하심 아래 있어서 평안

을 얻도록 기도합시다.

기도 우리의 안전지대이신 하나님,
우리 아이를 세상의 시험과 환난과 사고와 질병으로부터 눈동자같이 지켜 주소서. 전능하신 하나님의 오른손으로 아이를 붙드셔서 행하는 길에 평안함을 주시고, 세상의 유혹과 풍조에 휩쓸리지 않도록 지켜 보호하여 주소서. 주님만이 우리의 안전지대입니다. 무슨 일을 만나든지 우리는 주님께 피합니다. 대적은 한 길로 왔다가 일곱 길로 쫓겨 가게 하시고, 천사를 보내셔서 우리 아이를 호위하여 주소서. 어려울 때마다 우리가 하나님께 달려가오니, 하나님이 보호자, 울타리, 피난처가 되어 주소서.
사드락, 메삭, 아벳느고를 보호하셔서 불 가운데에서도 머리털 하나 상하지 않고, 오히려 살아 계신 하나님을 증거 하심같이 아이의 일생을 보장하여 주소서. 하나님의 거룩하신 이름을 위하여 세상과 악한 자들로부터 주의 날개 아래 품어 주시고, 세상의 욕심, 근심, 유혹, 두려움이 침범하지 못하게 막아 주소서.

"여호와의 말씀에 가련한 자들의 눌림과 궁핍한 자들의 탄식으로 말미암아 내가 이제 일어나 그를 그가 원하는 안전한 지대에 두리라 하시도다" 시 12:5.

고난 어려운 일 중에 피할 길을 열어 주소서

"너희 중에 고난당하는 자가 있느냐 그는 기도할 것이요 즐거워하는 자가 있느냐 그는 찬송할지니라" 약 5:13.

고난 중에 함께 하시는 하나님,
언제나 우리와 함께 계시는 하나님께 찬양을 드립니다. 즐거울 때도 슬플 때도 승리할 때도 고난을 당할 때도, 하나님은 우리와 함께 하심을 믿습니다. 우리 아이가 형통할 때는 하나님께 영광을 돌리며 찬송을 하게 하시고, 어려울 때는 앞으로 나타날 영광을 소망하면서 기도하게 하소서. 하나님이 주시는 지혜와 능력으로 아이가 경험하는 어려움, 고통의 시간들을 잘 이겨내게 하소서. 특히 고난을 당할 때에는 하나님이 가까이 오셔서 도우신다는 사실을 굳게 믿고, 더욱 더 하나님을 찾고 하나님께 구하게 하소서. 고난에서 나가는 분은 기도임을 잊지 않게 하소서. 고난 가운데 피할 길을 열어 주시고, 고난을 재료로 하여 성숙한 인격과 믿음을 갖게 하소서. 요셉, 다윗, 바울처럼 고난의 과정을 통하여 이루시는 하나님의 크고 놀라운 일을 기대하면서 믿음으로 승리하게 하소서.

"생각하건대 현재의 고난은 장차 우리에게 나타날 영광과 비교할 수 없도다" 롬 8:18.

환난 환난 당하지 않도록 도와주소서

"하나님은 우리의 피난처시요 힘이시니 환난 중에 만날 큰 도움이시라" 시 46:1.

믿음의 방패와 말씀의 검으로 우리를 지켜 주시는 하나님, 하나님은 우리의 피난처시요 환난 가운데 도와주시는 분임을 믿습니다. 세상을 살다 보면 우리가 시시때때로 위험에 노출될 수 있지만, 하나님이 우리를 완벽하게 보호해주심을 믿습니다. 우리가 예방할 수 있는 것은 미리 알려 주셔서 주의할 수 있게 하시고, 우리의 힘으로 어떻게 할 수 없는 것들은 주님께 온전히 맡기게 하소서. 우리 아이에게 담대함을 주셔서 하나님의 품 안에서 평안과 기쁨을 누리게 하소서. 항상 우리 아이의 발걸음을 축복하셔서 어디로 가든지 생명의 안전과 육체의 건강을 보장하여 주소서. 우리 아이가 하나님의 전신갑주를 입고 말씀과 기도로 살아감으로 악한 영의 역사를 능히 이기는 믿음의 자녀가 되게 하소서. 환란 가운데 우리를 도우실 분은 오직 하나님이시니, 하나님을 부를 때 즉시 오셔서 아이를 도와주소서. 우리 아이가 힘들고 어려운 일이 생길 때에 무엇보다 하늘에 계신 하나님을 의지하게 하소서.

"환난 날에 나를 부르라 내가 너를 건지리니 네가 나를 영화롭게 하리로다" 시 50:15.

시험 시험에 들지 않게 하소서

"내 형제들아 너희가 여러 가지 시험을 당하거든 온전히 기쁘게 여기라" 약 1:2.

시험 가운데 도우시는 하나님,
우리는 너무나 연약하여 눈 깜빡할 사이에도 유혹의 소리에 귀를 기울이며, 보이는 것에 현혹이 됩니다. 하나님 순간순간 우리 아이를 지키시고 그 찰나의 시험에 빠지지 않게 한 걸음 한 걸음을 인도하소서. 우리 아이에게 시험을 분별할 지혜를 주시고, 시험을 대적할 말씀의 능력을 주소서. 그러나 무엇보다도 시험에 들지 않도록 우리 아이를 지켜 주소서. 우리 아이가 지식, 명예, 물질을 좇다가 시험에 빠지지 않게 하시고, 교만, 유혹, 향락, 탐욕, 정욕의 시험에 들지 않게 하소서.
예수님께서도 시험을 당하셨으나 말씀으로 승리하심같이, 우리 아이도 항상 말씀을 기억하여 세상과 마귀를 이기게 하소서. 언제든지 주님의 보호하심으로 시험에 들지 않게 하시고, 시험 가운데서도 승리하도록 도와주소서.

"시험을 참는 자는 복이 있나니 이는 시련을 견디어 낸 자가 주께서 자기를 사랑하는 자들에게 약속하신 생명의 면류관을 얻을 것이기 때문이라" 약 1:12.

정욕 육신의 정욕을 피하게 하소서

"오직 주 예수 그리스도로 옷 입고 정욕을 위하여 육신의 일을 도모하지 말라"롬 13:14.

정결하고 순결한 자녀를 원하시는 하나님,
세상은 사탄과 정욕의 문화로 오염이 되어, 하나님의 자녀조차도 보고 듣는 것으로 더렵혀지고 있습니다. 세상 사람들은 안목의 정욕과 이생의 자랑으로 물질과 향락의 우상을 섬기며 살고 있습니다. 우리를 예수님의 피 값으로 죄에서 구원하시고 의로운 삶을 살도록 부르셨으니, 우리 아이가 세상의 정욕을 피하게 하소서. 우리 아이에게 영적 분별력을 주셔서 보는 것, 듣는 것, 가는 곳, 행하는 일을 주의하게 하시고, 육신의 생각이 아닌 오직 성령의 생각으로 육체를 다스리며 살아가게 하소서. 요셉 같은 순결한 마음을 주셔서 세상을 따라가지 않고, 오히려 세상을 변화시키게 하소서. 우리 아이가 신실한 주님의 자녀들과 함께 거룩함과 사랑과 평화를 만들게 하소서. 우리 아이가 항상 하나님이 기뻐하시는 깨끗한 마음과 몸을 가지게 하소서. 세상의 악한 풍조를 바꾸어, 밝고 아름다운 생명의 문화를 만드는 사람이 되게 하소서.

"또한 너는 청년의 정욕을 피하고 주를 깨끗한 마음으로 부르는 자들과 함께 의와 믿음과 사랑과 화평을 따르라"딤후 2:22.

질병 모든 질병으로부터 지켜 주소서

"여호와께서 그를 병상에서 붙드시고 그가 누워 있을 때마다 그의 병을 고쳐 주시나이다" 시 41:3.

만병의 의사이신 하나님,
하나님께서는 못 고칠 질병이 없으십니다. 하나님이 사람을 만드셨으니, 사람을 제일 잘 아시고 모든 문제에 해결책을 가지고 계심을 믿습니다. 우리가 몸이 아플 때 의사를 찾아가기 전에 먼저 하나님께 기도하게 하시고, 하나님이 의사나 약이나 의술을 통해서 고치시는 분임을 믿게 하소서. 때로는 우리 아이가 질병을 통하여 하나님을 더욱 의지하고, 자신과 이웃을 돌아보는 계기가 되게 하소서. 하나님 앞에 잘못된 것은 없는지 회개하고 하나님의 성전인 몸을 잘 돌보고자 하는 마음을 갖게 하소서. 질병이나 장애로 아픔을 가지고 사는 이웃들을 이해하고 하나님의 사랑을 베풀게 하소서. 예수님이 채찍에 맞음으로 우리가 나음을 입었다고 했으니, 예수님의 십자가의 보혈로 모든 병을 치료하여 주셔서 건강을 회복하게 하소서. 주님을 위해 살겠으니 고쳐 주소서. 건강할 때 아이를 모든 질병으로부터 지켜 주소서.

"너희 중에 병든 자가 있느냐 그는 교회의 장로들을 청할 것이요 그들은 주의 이름으로 기름을 바르며 그를 위하여 기도할지니라" 약 5:14.

재난 재난이 가까이 오지 못하도록 막아 주소서

"나를 기가 막힐 웅덩이와 수렁에서 끌어올리시고 내 발을 반석 위에 두사 내 걸음을 견고하게 하셨도다" 시 40:2.

우리의 피난처가 되신 하나님,
우리가 가는 길에 동행해주셔서 재난이 가까이 오지 못하도록 막아 주심을 감사합니다. 우리가 알지 못하는 사이에도 하나님이 우리를 완벽하게 지키시고 인도하셔서, 우리가 안전하게 살고 있음을 믿습니다. 우리는 언제 무슨 일을 만날지 알지 못하지만 자연적인 재해나 인재나 사고에서도 지금처럼 우리 아이를 눈동자와 같이 보살펴 주소서. 어떤 불이나 물 가운데 행할 때에도 하나님이 지키셔서 머리털 하나 상하지 않는 것을 믿습니다. 제자들이 위험에 처해 있을 때, 주님은 그들을 위해 기도해주시고, 몸소 오셔서 그들을 도와주셨습니다. 우리 아이도 이렇게 도와주시는 하나님을 삶 속에서 체험하길 원합니다. 재난이 아무리 크다 할지라도, 주님의 힘보다 크지 못함을 우리는 잘 알고 있습니다. 그 크신 주님께서 우리에게 다가오는 재난을 이미 알고 오셔서 막아 주시고 우리에게 평안을 주소서.

"여호와의 말씀이니라 너희를 향한 나의 생각을 내가 아나니 평안이요 재앙이 아니니라 너희에게 미래와 희망을 주는 것이니라" 렘 29:11.

유혹 유혹에 빠지지 않게 도와주소서

"그 곳에 이르러 그들에게 이르시되 유혹에 빠지지 않게 기도하라 하시고" 눅 22:40.

성령으로 우리를 붙들어 주시는 하나님,
이 세상은 시시때때로 우리가 모르는 사이에 달콤한 유혹으로 다가와 우리의 마음을 사로잡습니다. 하나님께서 우리 아이를 이러한 유혹으로부터 지켜 주셔서 죄에 빠지지 않게 하소서. 우리 아이가 말씀과 기도로 죄에 대한 분별력을 갖게 하시고, 죄의 유혹을 이길 수 있는 능력을 갖게 하소서. 자신도 모르는 사이에 넘어간 유혹 때문에 낙심하지 말게 하시고, 속히 하나님께 회개하고 돌이키게 하소서. 그것이 죄의 유혹이라는 것을 깨닫게 해 주신 하나님께 감사하며, 잘못한 것은 시인하고 죄에서 벗어나게 하소서. 우리 아이의 마음을 사로잡는 유혹을 떨쳐 버릴 수 있는 용기와 인내심을 허락하여 주소서. 언제나 깨어 기도함으로 유혹이 틈타지 못하게 하시고, 오히려 적극적으로 하나님의 뜻을 행하여 세상을 이기게 하소서. 우리 아이가 유혹에 빠진 사람들을 권면하여 올바른 길로 인도하게 하소서.

"오직 오늘이라 일컫는 동안에 매일 피차 권면하여 너희 중에 누구든지 죄의 유혹으로 완고하게 되지 않도록 하라" 히 3:13.

`불안` 담대한 믿음으로 불안을 이기게 하소서

"내 영혼아 네가 어찌하여 낙심하며 어찌하여 내 속에서 불안해하는가 너는 하나님께 소망을 두라 그가 나타나 도우심으로 말미암아 내가 여전히 찬송하리로다"시 42:5.

소망을 주시며 담대하라고 말씀하시는 하나님,
우리 아이가 언제나 함께 하시는 하나님을 믿는 믿음으로 어떤 상황에서도 참 평안을 누리게 하소서. 불리해 보이는 환경이나 막연한 두려움에 마음을 빼앗기지 않게 하시고, 전능하신 하나님께 소망을 두며, 구할 때마다 나타나 도우시는 하나님을 기대하게 하소서. 문제가 있을 때도, 문제보다 더 크신 하나님을 생각하고, 어려움이 있을 때도 능히 도우시는 하나님을 생각하며, 담대함을 잃지 않게 하소서.
시험이나 발표 등 중요한 일을 앞두고 마음이 불안하고 초조할 때, 하나님께서 평안한 마음을 주셔서, 하나님의 도우심으로 잘 감당하게 하소서. 예수님도 사역을 감당하실 때마다, 기도로 온전히 이루신 것처럼, 우리 아이도 일을 할 때, 불안하거나 조급해 하지 않고, 기도함으로 승리하게 하소서.

"너는 그들을 두려워하지 말라 너희의 하나님 여호와 곧 크고 두려운 하나님이 너희 중에 계심이니라"신 7:21.

염려 모든 것을 주님께 맡기게 하소서

"아무것도 염려하지 말고 다만 모든 일에 기도와 간구로, 너희 구할 것을 감사함으로 하나님께 아뢰라" 빌 4:6.

우리의 모든 짐을 맡으시는 하나님,
염려하는 것으로는 아무것도 이룰 수 없다는 것을 알면서도, 무슨 일을 당하면 우리는 왜 염려부터 하는지 모르겠습니다. 우리 아이는 모든 일에 염려하지 말고 기도하게 하소서. 참새가 먹을 것을 염려하지 않아도 먹이시고, 들꽃도 입을 것을 염려하지 않아도 아름답게 입히시는데, 하나님의 자녀인 우리를 왜 하나님께서 먹이시고 입히시지 않겠습니까? 우리에게 참새나 들꽃보다 더 큰 믿음을 주소서. 아브라함이 자신의 고향을 떠나 한 번도 가 보지 않은 땅으로 갈 때 믿음으로 나아갔던 것처럼, 요셉이 애굽에 종으로 끌려갈 때도 하나님께 모든 것을 맡긴 것처럼, 앞날에 대한 염려보다는 성경에 나온 사람들처럼 돌보시고 예비하시는 하나님만을 보게 하소서. 우리 아이가 하나님의 계획과 인도를 믿으며 하나님께서 열어 놓으신 길을 믿음으로 걸어가게 하소서.

"너희 염려를 다 주께 맡기라 이는 그가 너희를 돌보심이라" 벧전 5:7.

`불평` 부정적인 언사를 하지 않게 하소서

"여호와 앞에 잠잠하고 참고 기다리라 자기 길이 형통하며 악한 꾀를 이루는 자 때문에 불평하지 말지어다" 시 37:7.

우리의 모든 말을 들으시는 하나님,
우리의 말이 하나님께 들린 대로 시행한다고 하셨으니, 우리 아이는 부정적인 말은 입 밖에 내지 않게 하소서. 12명의 가나안 정탐꾼 중 10명의 불평하는 사람과 그들을 따르는 자들은 약속의 땅 가나안에 들어가지 못하고, 오직 가나안 땅을 "젖과 꿀"이 넘치는 땅이라고 긍정적인 말을 한 여호수아와 갈렙만 약속의 땅에 들어간 것을 믿습니다. 우리 아이는 소망으로 말하게 하시고, 믿음으로 말하게 하소서. 오직 만족은 하나님께로부터 난다 하셨으매 만족하지 못함과 감사하지 못함도 하나님을 깊이 알지 못함에서 나오는 것으로 믿습니다. 우리 아이의 입술에는 불평과 불만이 없게 하시고, 오직 살아 계신 하나님을 향한 찬양과 감사만 있게 하소서. 한순간도 하나님께 불평하지 않게 하시고, 악한 자들에게조차 정당한 이유로도 욕하지 않게 하소서. 모든 것을 하나님께 맡기고 기도와 감사로 나아가게 하소서.

"분을 그치고 노를 버리며 불평하지 말라 오히려 악을 만들 뿐이라" 시 38:8.

핍박 악한 자들로부터 지켜 주소서

"나의 앞날이 주의 손에 있사오니 내 원수들과 나를 핍박하는 자들의 손에서 나를 건져 주소서"시 31:15.

핍박 받는 자를 도우시는 하나님,
세상은 의로운 자를 핍박하고, 하나님의 뜻대로 살고자 하는 자를 어렵게 하지만, 이 모든 것으로부터 우리 아이를 지켜 주소서. 아이의 마음을 강하게 붙들어 주셔서 의로운 용기를 주시고, 핍박을 받을 때에 좌절과 실의에 빠지지 않게 하소서. 우리의 생명이 주의 손에 있사오니, 원수들의 술수에서 지켜 주시고 악한 자가 절대로 아이를 이기지 못하게 하소서.
사울의 핍박을 받던 다윗이 끝까지 하나님을 신뢰하고 인내함으로 이스라엘의 위대한 왕이 될 수 있었던 것처럼, 우리 아이가 어려움 가운데도 도우시며 함께하시는 하나님을 신뢰하게 하소서. 우리를 넘어뜨리지 못하는 고난은 오히려 우리를 성장시킵니다. 우리 아이에게 당한 일을 통하여 아이가 더욱 성장하고 위대한 사람이 되게 하소서. 예수님의 이름 때문에 받는 핍박을 부끄러워하지 않고, 오히려 하나님께 영광을 돌리게 하소서.

"너희가 그리스도의 이름으로 치욕을 당하면 복 있는 자로다 영광의 영 곧 하나님의 영이 너희 위에 계심이라"벧전 4:14.

대적 대적이 넘보지 못하게 하소서

"그러므로 우리가 담대히 말하되 주는 나를 돕는 이시니 내가 무서워하지 아니하겠노라 사람이 내게 어찌하리요 하노라" 히 13:6.

원수의 목전에서 상을 베푸시는 하나님,
세상에는 우리를 넘어뜨리려 하는 악한 무리들이 항상 존재하지만, 우리 아이가 그들을 두려워하지 않고 당당히 맞서 싸울 수 있는 강한 믿음과 담대한 마음을 갖게 하소서. 온 세상 우주 만물을 말씀으로 창조하신 전능하신 하나님이 언제나 자신과 함께 하심을 믿고 용기를 갖게 하소서. 하나님이 도와주시는데 무엇이 무서우며, 하나님의 사람인데 인간이 어떻게 하겠습니까? 우리 아이의 대적에게는 하나님이 대적이 되어 주시고, 우리 아이의 친구에게는 친구가 되어 주소서.
어린 다윗이 하나님을 모독하고 이스라엘을 위협하는 거인 골리앗에게 만군의 하나님을 의지하여 이겼던 것처럼, 우리 아이가 하나님과 진리를 위하여 용기와 믿음을 가지고 맞서게 하소서. 그래서 하나님이 우리 아이에게 주신 꿈과 비전을 끝까지 이루고 하나님의 나라에 유명한 자가 되는 복을 받게 하소서.

"영원하신 하나님이 네 처소가 되시니 그의 영원하신 팔이 네 아래에 있도다 그가 네 앞에서 대적을 쫓으시며 멸하라 하시도다" 신 33:27.

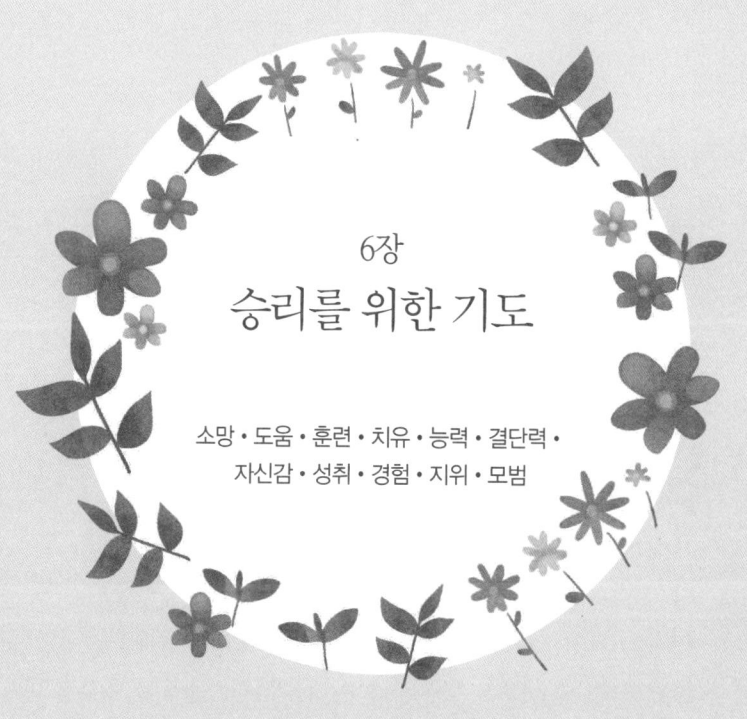

6장
승리를 위한 기도

소망 • 도움 • 훈련 • 치유 • 능력 • 결단력 •
자신감 • 성취 • 경험 • 지위 • 모범

"우리가 담대히 말하되 주는 나를 돕는 이시니 내가 무서워하지 아니하겠노라 사람이 내게 어찌하리요 하노라" 히브리서 13:6.

자녀와 함께 드리는 예배
승리하는 삶을 살게 하소서

찬송 357장(통 397장) 주 믿는 사람 일어나

말씀봉독 "우리 주 예수 그리스도로 말미암아 우리에게 승리를 주시는 하나님께 감사하노니" 고전 15:57.

메시지 인생은 일시적인 성공과 실패보다는 궁극적인 승리가 목표입니다. 인생은 승리와 실패가 반복적으로 찾아오지만 마지막에 승리하는 자가 진정한 승리자입니다. 그러므로 승리할 때 교만하지 않고, 실패할 때 하나님을 의지하는 법을 배우는 것이 중요합니다. 승리하는 삶은 부활하신 예수님 안에서 예수님의 삶의 방식을 따를 때 주어집니다. 주 안에서 힘쓰는 모든 것은 아름다운 열매로 나타날 것입니다. 우리의 싸움은 영적으로는 악한 영들과 외부적으로는 세상의 풍조와 내부적으로는 자신과의 부단한 싸움입니다. 말씀과 기도로 힘을 얻고, 성령님이 공급하시는 능력으로 무장할 때 우리는 승리자가 될 수 있습니다. 하나님의 도우심으로 이 모든 영적 싸움에서 승리자가 되어야 합니다. 그러기 위해서는 훈련과 연단을 잘 받고, 성령님의 인도하심을 받아야 합니다. 인생의 모든 분야에서 승리자가 되기를 바랍니다. 하나님이 주시는 승리를 위하여 기도합시다.

기도 일마다 때마다 승리를 주시는 하나님 아버지,
사망에서 생명으로, 죽음에서 부활로 나아가신 예수 그리스도로 말미암아 우리에게 영원한 승리를 보증해주시는 하나님께 감사합니다. 언제나 최후의 승리를 믿으며 강하고 담대하게 믿음으로 나아가게 하소서. 인생의 과정마다 주어지는 훈련과 연단도 소망 가운데 잘 감당하여 인생의 폭과 깊이가 더하는 성숙한 사람이 되게 하소서.

우리 아이가 말씀을 따라 살므로 승리하게 하시고, 기도로 싸워 승리하는 법을 배우게 하소서. 남을 이기기 전에 먼저 자신을 이기고, 자신을 다스릴 줄 아는 것이 모든 싸움의 승리의 비결임을 알게 하소서. 하나님을 의지하는 믿음으로 달려가며 하나님을 의지하여 담을 뛰어넘는 능력을 주소서. 인생의 모든 싸움에서 승리자가 되는 자질을 구비하게 하시고 예수님의 이름으로 승리하게 하소서.

"무릇 하나님께로부터 난 자마다 세상을 이기느니라 세상을 이기는 승리는 이것이니 우리의 믿음이니라"요일 5:4.

소망 소망이 넘치는 삶을 살게 하소서

"나는 항상 소망을 품고 주를 더욱더욱 찬송하리이다" 시 71:14.

날마다 소망을 부어 주시는 하나님,
우리 아이가 하나님께서 주시는 소망을 가슴에 품으며 활기차게 살게 하소서. 혹여나 어려운 상황에 놓이더라도 실망하지 않고, 성령의 능력으로 소망이 넘치는 삶을 살게 하소서. 소망 가운데 우리가 구원을 얻었으니, 아직 나타나지 않았을지라도 믿음으로 소망의 성취를 내다보게 하소서. 주님께서 비춰 주시는 소망의 빛을 따라가면서 주님을 높여 찬송하며 살게 하소서.
마른 뼈들 사이에서 군대가 일어나는 비전을 보여 주시면서, 에스겔에게 절망의 밤에 소망을 주신 것처럼, 현실이 힘들더라도 하나님의 능력을 믿으며 소망 중에 나아가게 하소서. 감정이나 느낌에 이끌리는 생활이 아니라, 긍정적인 행동의 힘을 믿고 작은 일이라도 의지적으로 먼저 행동함으로 마음과 상황이 바꾸어지게 하소서. 주님이 주시는 소망 가운데 세상이 줄 수 없는 기쁨과 평강이 충만하게 하소서.

"소망의 하나님이 모든 기쁨과 평강을 믿음 안에서 너희에게 충만하게 하사 성령의 능력으로 소망이 넘치게 하시기를 원하노라" 롬 15:13.

도움 하나님의 도우심으로 승리하게 하소서

"내가 산을 향하여 눈을 들리라 나의 도움이 어디서 올까 나의 도움은 천지를 지으신 여호와에게서로다" 시 121:1-2.

주의 이름을 부르는 자를 도우시는 창조주 하나님,
우리 아이가 어려움에 처할 때나 도움이 필요할 때, 사람을 찾거나 주변을 두리번거리기 전에 눈을 들어 하늘을 보고, 창조주 하나님께 구하게 하소서. 하나님은 우리의 피난처시요, 환난 날에 큰 도움이십니다. 우리 아이가 온 세상 만물을 지으시고 세상을 주관하시는 하나님의 큰 권능을 경험하며 살아가게 하소서. 영적인 필요뿐 아니라 정신적, 물질적, 그리고 학업에 필요한 모든 것도 풍성하게 공급하시는 하나님께 도움을 받게 하소서.
사람에게 도움을 기대하고 환경이 나아지기를 기다리기보다는 하나님의 도우심으로 세상을 변화시키는 사람이 되게 하소서. 우리 아이가 기드온처럼 하나님을 의지하고 일어나 큰 용사가 되게 하소서. 하늘의 능력을 받아 자신에게 잠재되어 있는 모든 역량을 발휘하고 하나님께서 자신을 통해 하시려는 모든 일에 온전히 쓰임을 받게 하소서.

"하나님은 우리의 피난처시요 힘이시니 환난 중에 만날 큰 도움이시라" 시 46:1.

훈련 하나님이 주시는 훈련을 잘 받게 하소서

"그러나 내가 가는 길을 그가 아시나니 그가 나를 단련하신 후에는 내가 순금같이 되어 나오리라" 욥 23:10.

주의 자녀를 강하게 세우시는 하나님,
하나님은 사랑하는 자를 귀하게 쓰시기 위하여 훈련과 연단도 받게 하심을 믿습니다. 우리 아이가 하나님이 주시는 훈련을 달게 잘 받을 수 있도록 도와주소서. 하나님께서는 우리 아이를 위대하게 만드시기 위하여 몸도 마음도 지식도 믿음도 연마시키는 것을 우리 아이가 알게 하소서. 하나님의 훈련 과정을 잘 감당하여 강하게 단련된 주의 일꾼으로 세워 주소서.
하나님 앞에 모든 것을 맡기고 겸손하게 고백했던 욥과 같이 정금같이 나오게 하소서. 힘에 겨운 삶의 순간들, 불공평해 보이는 세상의 일들, 이유를 알 수 없는 많은 일들이 있을지라도, 그것을 인생 훈련의 과정으로 여기고, 그 가운데 하나님의 뜻을 찾게 하소서. 선하신 하나님을 믿는 믿음으로 훈련을 잘 받아 더욱 성장하고 성숙한 사람이 되어, 모든 일에 주님의 쓰심에 합당한 준비된 인물이 되게 하소서.

"도가니는 은을, 풀무는 금을 연단하거니와 여호와는 마음을 연단하시느니라" 잠 17:3.

치유 치유하시는 하나님의 능력을 경험하게 하소서

"여호와여 주는 나의 찬송이시오니 나를 고치소서 그리하시면 내가 낫겠나이다 나를 구원하소서 그리하시면 내가 구원을 얻으리이다" 렘 17:14.

상처를 어루만지시고 치료하시는 하나님,
하나님을 떠나 죄에 빠진 인간은 병들고 여러 가지 면에서 잘못되어 있습니다. 이 모든 것을 치유하시고 온전하게 회복하실 분은 오직 하나님밖에 없습니다. 우리가 하나님 앞에 나아갈 때에만 영 혼 육, 모두 온전하게 되는 것을 믿습니다. 우리 아이가 몸이나 마음이나 영혼에 문제가 있을 때, 하나님 앞에 나아가 치유하시는 하나님을 구하게 하시고, 치료하시는 하나님을 경험하게 하소서. 하나님께로부터 몸과 마음과 영혼의 온전한 치유를 얻게 하소서.
예수님께는 못 고치실 질병이 없으니, 말씀만 하시면 나을 것이라고 고백했던 백부장처럼, 우리 아이가 말씀으로 치유하시는 주님의 능력을 경험하게 하소서. 예수 그리스도의 보혈로 죄를 씻으시고 약한 것을 고치시는 힐링의 은혜를 누리며 살아가게 하소서.

"그가 네 모든 죄악을 사하시며 네 모든 병을 고치시며" 시 103:3.

`능력` 하나님의 능력을 부어 주소서

"피곤한 자에게는 능력을 주시며 무능한 자에게는 힘을 더하시나니" 사 40:29.

모든 능력 위에 뛰어나신 하나님,
우리 아이가 전능자 하나님의 그늘 아래 살게 하소서. 약한 자를 강하게 하시고, 가난한 자를 부하게 하시고, 어리석은 자를 지혜롭게 하시는 하나님의 능력을 경험하며 살게 하소서. 하나님의 능력에 사로잡혀 하나님의 뜻을 이루며, 하나님의 이름을 높이며, 하나님의 나라를 이루게 하소서. 독수리가 태양을 응시하듯 하나님을 앙망하여 항상 새 힘을 얻게 하소서. 능력 주시는 주님 안에서 모든 것을 할 수 있게 하소서.

하나님께서 부어 주신 능력으로 세상에서 강한 자들에게는 강하게 맞서고 약한 자들에게는 따뜻한 손길을 내밀 수 있는 사람이 되게 하소서. 자신의 힘만 의지하고 사는 어리석은 사람이 되지 않게 하시고, 범사에 주를 의지함으로써 주님이 공급하시는 힘으로 살게 하소서. 우리 아이가 성공하고 승리할 때마다 영광을 하나님께 돌리게 하소서.

"여호와는 나의 능력과 찬송이시요 또 나의 구원이 되셨도다" 시 118:14.

`결단력` 용기 있게 결단하고 나아가게 하소서

"너희가 섬길 자를 오늘 택하라 오직 나와 내 집은 여호와를 섬기겠노라" 수 24:15.

단호한 결단력을 주시는 하나님,
우리 아이가 하나님 앞에 진리와 거짓을 구별할 줄 알고 진리를 위해 용감하게 결단하게 하소서. 사람들의 인기와 칭찬에 마음을 쏟기보다 하나님의 뜻을 분별하여 결단하게 하소서. 오직 하나님만을 섬기기로 결단한 여호수아처럼, 세상 사람들이 뭐라고 해도 자신의 믿음을 분명하게 밝히게 하소서. 왕의 음식으로 자신을 더럽히지 않겠다던 다니엘처럼, 결단력을 가지고 아닌 일은 아니라고 말하게 하소서. 하나님 중심의 가치관과 성경적 세계관의 바운더리 안에서 자유를 누리며 살게 하소서. 세상의 유혹과 위협 가운데서도 담대하게 하나님의 말씀과 진리에 순종하게 하소서. 세상의 것들에 마음을 빼앗기지 아니하고, 모든 일에 하나님의 마음과 생각을 구하게 하소서. 아이에게 결단력을 주셔서 하나님 보시기에 합당한 자로 살아가게 하소서.

"다니엘은 뜻을 정하여 왕의 음식과 그가 마시는 포도주로 자기를 더럽히지 아니하리라 하고 자기를 더럽히지 아니하도록 환관장에게 구하니" 단 1:8.

[자신감] 건강한 자화상과 자신감을 갖게 하소서

"하늘로부터 소리가 있어 말씀하시되 이는 내 사랑하는 아들이요 내 기뻐하는 자라 하시니라" 마 3:17.

우리를 세우시고 기뻐하시는 하나님,
우리 아이가 "너는 하나님의 사랑 받는 자녀요, 하나님이 기뻐하는 자녀"라는 음성을 날마다 들으며 살게 하소서. 우리의 건강한 자화상, 우리의 진정한 자신감은 바로 이런 하나님의 음성을 듣는 데에서 오는 줄로 믿습니다. 현재의 모습에 상관없이 우리는 하나님의 자녀이며, 하나님은 항상 우리를 기뻐하신다는 사실을 잊지 않게 하소서. 우리 아이가 어떤 모습이든지 우리도 아이를 사랑하며, 언제나 믿고 있다는 사실을 아이가 알게 하소서. 이러한 자신감으로 하나님과 사람 앞에 당당하게 서게 하소서. 어느 누구도 하나님과 우리 사이를 나눌 수 없으며, 어떤 일도 우리를 낙망시킬 수 없음을 알게 하소서. 무슨 일을 행하든지 하나님이 도와주심을 믿고 자신감을 가지고 힘차게 나아가게 하소서. 자기 스스로를 믿는 자신감이 아니라, 여호수아처럼 하나님을 믿는 자신감으로, 세상 앞에 담대하게 나아가 위대한 승리를 얻게 하소서.

"우리가 담대히 말하되 주는 나를 돕는 이시니 내가 무서워하지 아니하겠노라 사람이 내게 어찌 하리요 하노라" 히 13:6.

성취 끝까지 승리를 얻게 하소서

"네 조상들도 알지 못하던 만나를 광야에서 네게 먹이셨나니 이는 다 너를 낮추시며 너를 시험하사 마침내 네게 복을 주려 하심이었느니라" 신 8:16.

온전히 이루시는 하나님,
우리 아이가 하나님을 의지하는 믿음으로 끝까지 인내함으로 마침내 승리를 얻게 하소서. 이스라엘이 광야에서 먹이시고, 입히시고, 도우시는 하나님을 보고 먹고 마신 것처럼, 아이를 위하여 행하시는 하나님의 일을 생생하게 경험하게 하소서. 그래서 작은 일이라도 자신의 능력으로 하지 않고 하나님의 능력을 구하게 하시고, 큰일이라도 기죽지 않고 자신이 할 수 있는 작은 일에 최선을 다하면서 하나님의 역사를 구하게 하소서. 범사에 자신을 믿지 않고 오직 겸손하게 하나님을 구함으로 모든 것이 이루어지게 하소서. 온전한 성취는 오직 하나님의 능력에서 오는 것을 믿으니, 하나님이 공급하시는 힘으로 하게 하소서. 일을 이루고도 자신이 한 것처럼 교만하지 않게 하시고, 오직 주님께만 영광을 돌리게 하소서.

"그러므로 내 사랑하는 형제들아 견실하며 흔들리지 말고 항상 주의 일에 더욱 힘쓰는 자들이 되라 이는 너희 수고가 주 안에서 헛되지 않은 줄 앎이라" 고전 15:58.

경험) 복된 경험을 쌓아가게 하소서

"내가 말하는 것을 생각해 보라 주께서 범사에 네게 총명을 주시리라"
딤후 2:7.

경험의 지평을 넓히시는 하나님,
우리 아이의 현재는 지난 시간에 대한 기억력과 앞으로 있을 일에 대한 상상력 가운데 형성되는 줄 믿습니다. 하나님의 인도하심으로 아름다운 경험을 쌓아가며 아이의 생각의 깊이와 넓이가 더해지는 슬기로운 사람이 되게 하소서. 본인이 체험하는 것뿐 아니라 말씀에 기록되어 있는 귀한 유산들을 자신의 것으로 받아들이게 하시고, 위대한 사람들의 경험도 자신의 것으로 만들 수 있는 지혜를 주소서. 이런 값진 경험들이 새로운 것들을 만드는 복된 재료가 되게 하소서. 우리 아이가 부모와 친척과 선생님과 친구와의 만남을 통하여 삶의 복된 경험이 너욱 많아지게 하시고, 아이들의 지경이 넓어지게 하소서. 경험에서 귀한 것들을 배울 수 있는 통찰력을 주시고, 그것을 활용하여 하나님 나라의 확장과 인류를 위한 일에 쓰게 하소서. 하나님을 향한 더 큰 꿈과, 더 넓은 시야와, 더 깊은 생각을 갖게 하소서.

"이로써 우리도 듣던 날부터 너희를 위하여 기도하기를 그치지 아니하고 구하노니 너희로 하여금 모든 신령한 지혜와 총명에 하나님의 뜻을 아는 것으로 채우게 하시고" 골 1:9.

지위 존귀한 자리에 오르게 하소서

"네가 어디로 가든지 내가 너와 함께 있어 네 모든 대적을 네 앞에서 멸하였은즉 세상에서 존귀한 자들의 이름 같은 이름을 네게 만들어 주리라" 대상 17:8.

사람을 높이기도 하시고 낮추기도 하시는 하나님,
우리 아이가 사람이 귀하고 천한 것은 하나님과의 관계에 달려 있다는 사실을 알게 하소서. 하나님을 높이는 사람은 하나님께서 존귀하게 하심을 알고, 언제나 어디서나 하나님을 높이는 자가 되게 하소서. 우리 아이가 이 세상 속에서 일이나 말을 통하여 하나님을 높이고 하나님께서 주시는 아름다운 지위를 얻게 하소서. 그리고 그 지위는 하나님이 주신 것이며, 하나님을 더욱 높여야 되는 자리임을 알게 하소서. 높은 자리에 나아갈 때 더욱 하나님을 두려워하고, 하나님 앞에 겸손하게 행하게 하소서. 사울 왕처럼 교만하게 행하다가 다시 낮아지는 어리석음을 범하지 않게 하소서. 하나님 없이 스스로를 높이는 자들을 부러워하지 않게 하소서. 하나님이 우리와 함께 하실 때 우리가 존귀해지며, 하나님이 높이는 사람이 진정으로 위대한 사람임을 알게 하소서.

"여호와는 가난하게도 하시고 부하게도 하시며 낮추기도 하시고 높이기도 하시는도다" 삼상 2:7.

모범 사람들의 본보기가 되게 하소서

"내가 그리스도를 본받는 자가 된 것같이 너희는 나를 본받는 자가 되라"고전 11:1.

예수님을 통해 인생의 모범을 보여 주신 하나님,
우리 아이가 예수님의 유년 시절처럼 강건하고 지혜롭고, 하나님께 사랑스러우며 사람들에게 칭찬을 받는 사람으로 자라게 하소서. 우리 아이가 아름다운 성품과 착한 행실을 통해 이 땅 가운데 빛의 자녀로 살게 하시고, 그 빛을 보는 사람들에게 세상의 소금 같은 영향력으로 스며들게 하소서. 세상이 우리 아이를 통해 진정한 사랑을 알게 하시고, 하나님의 참된 은혜를 경험하게 하소서. 학교에서는 친구들에게 학교생활의 좋은 본보기가 되게 하시고, 교회에서도 믿는 자들에게 믿음의 본보기가 되게 하소서. 우리 아이가 말로 지시하시는 않아노 행동과 실전으로 보여 주고 따르게 하는, 마음을 움직이는 리더가 되게 하소서. 우리 아이가 나이는 어리지만 항상 사람들 앞에서 모범이 되어 하나님과 사람들에게 칭찬을 받는 사람이 되게 하소서.

"맡은 자들에게 주장하는 자세를 하지 말고 양 무리의 본이 되라"벧전 5:3.

모세의 축복기도 ||

"여수룬이여 하나님 같은 이가 없도다 그가 너를 도우시려고 하늘을 타고 궁창에서 위엄을 나타내시는도다 영원하신 하나님이 네 처소가 되시니 그의 영원하신 팔이 네 아래에 있도다 그가 네 앞에서 대적을 쫓으시며 멸하라 하시도다 이스라엘이 안전히 거하며 야곱의 샘은 곡식과 새 포도주의 땅에 홀로 있나니 곧 그의 하늘이 이슬을 내리는 곳에로다 이스라엘이여 너는 행복한 사람이로다 여호와의 구원을 너 같이 얻은 백성이 누구냐 그는 너를 돕는 방패시요 네 영광의 칼이시로다 네 대적이 네게 복종하리니 네가 그들의 높은 곳을 밟으리로다" 신 33:26-29.

7장
사명을 위한 기도

하나님 나라 • 제자 • 소명 • 비전 • 직업 • 사역 •
재능 • 섬김 • 돌봄 • 헌신 • 동역 • 정의

"무슨 일을 하든지 마음을 다하여 주께 하듯 하고 사람에게 하듯 하지 말라 이는 기업의 상을 주께 받을 줄 아나니 너희는 주 그리스도를 섬기느니라" 골로새서 3:23-24.

자녀와 함께 드리는 예배
하나님이 주신 생명, 하나님의 사명을 따라 살게 하소서

찬송 331장(통 375장) 영광을 받으신 만유의 주여

말씀봉독 "내가 달려갈 길과 주 예수께 받은 사명 곧 하나님의 은혜의 복음을 증언하는 일을 마치려 함에는 나의 생명조차 조금도 귀한 것으로 여기지 아니하노라" 행 20:24.

메시지 생명이 있는 모든 존재는 하나님이 주신 사명이 있습니다. 그것이 소명입니다. 그리고 사명을 감당할 능력과 은사도 하나님께서 주십니다. 우리 아이에게는 특별한 재능이 있습니다. 그러므로 우리는 무엇보다 우리 아이에게 주신 하나님의 소명을 발견하는 일에 주의를 기울여야 합니다. 아이가 좋아하는 것, 아이가 잘하는 것에 소명을 찾을 수 있는 단서가 있습니다. 아이로 하여금 다양하게 많은 일들을 경험하게 하면서 관찰하여 평생에 힘쓸 하나님이 주신 일을 알아내야 합니다. 아이가 어렸을 때 부모가 해야 할 가장 중요한 일은 아이의 소명을 알아내는 것입니다. 무슨 일이든지 궁극적으로 하나님을 섬기는 일이면 다 하나님이 주신 성직입니다. 하나님이 주신 사명을 깨닫고, 그 사명을 목적으로 삼아, 목적이 이끌어 가는 삶을 살아야 합니다. 아이가

분명한 목적의식과 소명감이 있을 때 학업도 스스로 알아서 열심히 하게 되며 자신을 소중하게 여기게 됩니다. 하나님이 주신 사명은 사랑으로 감당해야 합니다. 그래서 사명, 소명, 생명, 사랑 모두 중요합니다.

기도 하나님의 뜻하신 일을 위하여 사람을 부르시는 하나님, 우리 아이가 이 세상에 보내신 하나님의 깊은 뜻을 알게 하시고, 하나님이 부르신 소명을 따라 살게 하소서. 하나님이 주신 사명을 잘 감당하여, 하나님께 "잘 하였도다. 착하고 충성된 종아! 네가 작은 일에 충성하였으니 많은 것을 너에게 맡기리니 네 주인의 즐거움에 참여하라"마 25:21는 칭찬을 받게 하소서.
무슨 일을 하든지 마음을 다하여 주님께 하듯 하고, 하나님이 공급하시는 능력으로 하게 하소서. 그 일이 이 세상에서 잘되고 칭찬받는 데에서 끝나지 않고 하나님 나라에서 하나님의 상급을 받는 데에까지 나아가게 하소서. 아이의 인생이 세상에서나 하나님 앞에 영원히 기억되는 사명자의 삶이 되게 하소서. 아이로 인하여 세상이 더욱 밝아지고 더욱 풍요로워지며 더욱 아름다워지게 하소서.

"내가 내 자의로 이것을 행하면 상을 얻으려니와 내가 자의로 아니한다 할지라도 나는 사명을 받았노라"고전 9:17.

하나님 나라 | 하나님 나라를 확장하는 일을 하게 하소서

"그런즉 너희는 먼저 그의 나라와 그의 의를 구하라 그리하면 이 모든 것을 너희에게 더하시리라" 마 6:33.

우리를 하나님 나라의 일꾼으로 부르시는 하나님,
우리 아이가 하나님의 주권과 통치로 임하는 하나님의 나라를 확장하게 하소서. 우리 아이가 속한 또래, 학교, 그리고 교회 안에서 하나님 거룩하시고 온전하신 뜻이 이루어지기를 바라며, 이 일에 우리 아이를 귀하게 사용하여 주소서. 아이가 무슨 일을 하든지 하나님의 나라와 의를 먼저 구하게 하시고, 하나님 나라의 일꾼으로서 사명자의 삶을 살게 하소서. 이 세상을 살면서도 이 세상만 살지 않게 하시고, 하나님 나라를 앞당겨 이 땅에 실현하는 삶을 살게 하소서. 하나님 나라의 거룩한 가치관으로 세상을 변화시키게 하시고, 세상의 없어질 것들을 가지고 영원한 하나님 나라에 투자하는 일생이 되게 하소서. 죽어서만 가는 하나님 나라가 아니라 이 세상에서부터 마음의 천국, 가정의 천국, 교회의 천국을 이루게 하소서.

"율법과 선지자는 요한의 때까지요 그 후부터는 하나님 나라의 복음이 전파되어 사람마다 그리로 침입하느니라" 눅 16:16.

제자 예수님을 따르는 제자가 되게 하소서

"말씀하시되 나를 따라오라 내가 너희를 사람을 낚는 어부가 되게 하리라 하시니" 마 4:19.

우리를 자녀 삼으시고 예수님의 제자가 되게 하신 하나님, 우리 아이가 하나님의 자녀가 될 뿐 아니라 예수님을 따르는 신실한 제자가 되게 하소서. 예수님은 제자를 부르셔서 훈련시키시고 그들에게 중대한 사역을 부탁하셨습니다. 우리 아이가 주님 앞에 부름을 받았으니, 예수님의 충성스러운 제자로 잘 훈련되게 하시고 또 다른 사람을 제자로 삼게 하소서. 예수님의 제자로서 갖추어야 할 영적이고 정신적인 자질을 잘 구비하게 하시고, 제자들에게 주셨던 영적인 권위와 능력도 주소서. 우리 아이가 하나님의 말씀 안에 거하면서 풍성한 열매를 맺어 예수님의 제자임을 나타내게 하소서. 제자의 표시는 사랑이라고 하셨으니, 아이가 사랑 가운데 거하며 모든 일을 사랑으로 행하게 하소서. 그리스도의 장성한 분량에 이르기까지 주님를 배우고 닮아가게 하시고, 믿음으로 역사하며, 사랑으로 수고하고, 소망 가운데 인내하게 하소서.

"너희가 열매를 많이 맺으면 내 아버지께서 영광을 받으실 것이요 너희는 내 제자가 되리라" 요 15:8.

소명 하나님이 부르신 소명을 따라 살게 하소서

"하나님이 우리를 구원하사 거룩하신 소명으로 부르심은 우리의 행위대로 하심이 아니요 오직 자기의 뜻과 영원 전부터 그리스도 예수 안에서 우리에게 주신 은혜대로 하심이라" 딤후 1:9.

우리를 가장 아름답고 선한 길로 부르시고 이끄시는 하나님, 우리 아이가 하나님이 이 땅에 부르신 소명을 따라 살게 하소서. 하나님이 우리를 부르시는 것은 하나님의 섭리를 따라 우리에게 주신 은사대로 되는 것을 믿으니, 어린 사무엘처럼 우리 아이도 하나님의 음성을 듣게 하소서. 하나님의 소명을 따라 살아가고자 할 때 필요한 재능을 주소서. 무슨 일을 하든지 사람에게가 아니라 부르신 하나님께 하듯 마음과 정성을 다하여 하게 하시고, 그 일을 통하여 하나님을 섬기고 하나님의 영광을 나타내게 하소서. 하나님이 아이에게 주신 소명을 온전히 이룰 수 있도록 건강과 지혜와 능력을 더하셔서 모든 일을 탁월하게 감당할 수 있게 하소서. 소명을 따라 사는 아이의 인생이 의미 있고 행복하게 하시며, 그를 통해 우리나라와 세계가 복을 받게 하소서.

"하나님의 은사와 부르심에는 후회하심이 없느니라" 롬 11:29.

`비전` 하나님이 주시는 비전을 품게 하소서

"묵시가 없으면 백성이 방자히 행하거니와 율법을 지키는 자는 복이 있느니라" 잠 29:18.

놀라운 비전을 주시는 하나님,
우리 아이가 하나님이 주시는 비전을 보게 하시고 그 비전이 이끌어 가는 삶을 살게 하소서. 태초부터 아이를 향한 하나님의 위대한 꿈이 있는 줄 믿으니, 우리 아이가 그 꿈을 알게 하시고, 그 하나님의 꿈을 자신의 꿈으로 품게 하시고, 그 꿈을 이루어 가는 데 하나님과 동역하게 하소서. 요셉처럼 어려운 상황에서도 그 꿈을 포기하지 않고 자신이 할 수 있는 최선을 다할 때, 하나님이 도와주셔서 결국 꿈의 사람이 되게 하시는 줄을 믿습니다. 우리 아이도 하나님이 주신 비전을 붙들고 인내하면서 열정적으로 노력하여 하나님의 비전을 이루게 하소서. 우리 아이가 자신만을 위해서가 아니라 사명을 이루기 위해 하나님께 붙들린 비전의 사람이 되고, 다른 사람에게도 비전을 주는 사람이 되게 하소서. 아이를 통해 하나님의 꿈을 이 땅에 이루어 주소서.

"그 후에 내가 내 영을 만민에게 부어 주리니 너희 자녀들이 장래 일을 말할 것이며 너희 늙은이는 꿈을 꾸며 너희 젊은이는 이상을 볼 것이며" 욜 2:28.

직업 일터에서도 하나님을 섬기게 하소서

"무슨 일을 하든지 마음을 다하여 주께 하듯 하고 사람에게 하듯 하지 말라 이는 기업의 상을 주께 받을 줄 아나니 너희는 주 그리스도를 섬기느니라" 골 3:23-24.

오늘도 일하시는 성실하신 하나님,
우리 아이가 어느 곳에서 무엇을 하든지 한 분 하나님을 주인으로 섬기며 맡겨진 일을 잘 감당하게 하소서. 하는 일을 통하여 궁극적으로는 하나님을 섬기며 세상에서의 보상뿐 아니라 하나님의 칭찬과 상급도 받게 하소서. 앞으로 아이의 소명에 따라 주어지는 직업은 하나님을 섬기며 하나님이 기뻐하시는 일을 함으로 그 일 자체가 성직이 되게 하소서.
우리 아이가 자신이 하는 일을 좋아하게 하시고, 수고하는 일들을 형통하게 하시며, 많은 사람 위에 뛰어나게 하소서. 아이가 하는 일과 일터를 축복하셔서, 때를 따라 도우시고 베푸시는 하나님의 은혜를 경험하게 하소서. 일을 통해 하나님이 주시는 보람과 기쁨도 맛보게 하소서. 우리 아이가 하나님의 축복의 통로가 되어 하나님의 복이 아이의 일을 통해 세상에 흘러가게 하소서.

"거기 곧 너희의 하나님 여호와 앞에서 먹고 너희의 하나님 여호와께서 너희의 손으로 수고한 일에 복 주심으로 말미암아 너희와 너희의 가족이 즐거워할지니라" 신 12:7.

`사역` 하나님이 주신 은사를 따라 섬기게 하소서

"너는 진리의 말씀을 옳게 분별하며 부끄러울 것이 없는 일꾼으로 인정된 자로 자신을 하나님 앞에 드리기를 힘쓰라"딤후 2:15.

각 사람의 은사를 따라 사역을 맡기시는 하나님,
우리 아이가 하나님 나라를 위하여 하나님이 주신 은사를 따라 하나님의 사역을 감당하게 하소서. 풀타임 사역자가 아니라도 우리 모두는 왕 같은 제사장이니, 믿지 않는 자들에게는 복음을 전하고 하나님을 섬기게 하소서. 은사를 따라 교회를 온전케 하며, 주신 사역을 잘 감당하게 하소서. 예수님을 머리로, 성도들이 한 몸을 이루어 교회의 각 지체로서 서로 연합하고 동역할 수 있게 하소서. 하나님이 우리 아이에게 주신 은사를 잘 발견하고 개발하여 하나님의 영광을 위하여 요긴하게 사용함으로 잘 하였다고 칭찬을 받게 하소서. 아이가 훌륭한 사역자가 될 수 있도록, 영적 분별력과 지혜, 그리고 지도력과 믿음을 더해주셔서 많은 사람을 섬기며 많은 사람이 주께 돌아올 수 있도록 사용하여 주소서.

"그런즉 아볼로는 무엇이며 바울은 무엇이냐 그들은 주께서 각각 주신 대로 너희로 하여금 믿게 한 사역자들이니라"고전 3:5.

`재능` 자신에게 주신 재능을 깨달아 알게 하소서

"각각 그 재능대로 한 사람에게는 금 다섯 달란트를, 한 사람에게는 두 달란트를, 한 사람에게는 한 달란트를 주고 떠났더니" 마 25:15.

모든 사람에게 합당한 재능을 주시는 하나님,
우리 모두를 충성스럽게 여기셔서 귀한 재능을 맡겨 주심을 감사드립니다. 우리 아이가 자신에게 주신 하나님의 특별한 선물을 발견하게 하소서. 우리 아이에게 허락하신 재능을 발견할 뿐 아니라, 그것을 갈고 닦아 하나님의 영광을 위해 쓰게 하소서. 하나님이 주신 재능을 그냥 소유만 하거나 잠재상태로 묻어두는 것이 아니라 재능을 개발하여 활용하게 하소서. 하나님이 맡기신 것들은 결산이 있으며, 유효기간 내에 사용하지 않으면 없어진다는 것도 알게 하소서. 하나님이 귀한 것들을, 아이를 신뢰하여 맡기셨다는 것을 깨달아, 두려움이 아니라 감사하는 마음으로 자신을 소중하게 여기고 자신감을 가지고 활용하게 하소서. 하나님은 가능성이 있는 자에게 더 맡기신다는 것을 깨닫고 작은 일에도 큰 사랑으로 충성하여 더 큰 것도 맡게 하소서. 마지막에 하나님께 칭찬받는 아이가 되게 하소서.

"그의 위에 여호와의 영 곧 지혜와 총명의 영이요 모략과 재능의 영이요 지식과 여호와를 경외하는 영이 강림하시리니" 사 11:2.

섬김 주를 섬기는 마음으로 사람들을 대하게 하소서

"기쁜 마음으로 섬기기를 주께 하듯 하고 사람들에게 하듯 하지 말라" 엡 6:7.

섬김의 본을 보여주신 예수님,
우리 아이가 하나님의 아들이신 예수님께서 이 땅에 찾아오셔서 가난하고 병들고 소외된 사람들을 돌아보시며 사랑하신 것을 기억하게 하소서. 제자들의 발을 씻겨 주시면서 섬김의 본을 보여주신 것을 알게 하소서. 우리 아이도 이런 예수님의 모습을 본받아 어려운 사람들을 긍휼히 여기며 다른 사람들을 위하여 기쁜 마음으로 섬기게 하소서. 먼저 하나님을 잘 섬기며, 하나님을 섬기는 마음으로 다른 사람을 사랑하게 하셔서, 하나님의 사랑을 나타내게 하소서. 섬김을 받기보다는 섬기는 것을 좋아하게 하소서. 섬김의 범위와 역량이 점점 커져서 더 많은 사람들을 더욱 다양하게 섬길 수 있는 사람이 되게 하소서. 이 세상에서도 섬김의 리더십을 발휘하는 진정한 지도자가 되게 하시고, 마침내 하나님 나라에서 큰 자가 되게 하소서.

"만일 너희 믿음의 제물과 섬김 위에 내가 나를 전제로 드릴지라도 나는 기뻐하고 너희 무리와 함께 기뻐하리니" 빌 2:17.

돌봄 주님의 사랑으로 어려운 사람들을 돌보게 하소서

"즐거워하는 자들과 함께 즐거워하고 우는 자들과 함께 울라"롬 12:15.

항상 우리를 돌보시는 하나님,
우리 아이를 주의 사랑으로 돌보아주시고 언제나 함께해주셔서 감사합니다. 주님의 큰 사랑을 받은 우리 아이가 다른 어려운 사람들에게 하나님의 사랑을 흘려보내게 하소서. 자신만을 돌보는 이기적인 아이가 아니라, 주님의 사랑으로 자신과 소외된 이웃을 돌보는 아이로 자라게 하소서. 주님의 눈으로 세상을 바라보며, 주님의 눈이 머무시는 곳에 마음을 두는 아이로 자라게 하소서. 주님이 주신 사랑의 넉넉함으로 즐거워하는 자들과 함께 즐거워하고 우는 자들과 함께 우는 자가 되게 하소서. 우리 아이가 주님의 손과 발이 되어 약한 자를 붙들어 주며 아픈 세상을 치유하게 하소서. 우리 아이를 통하여 부족한 것이 채워지고, 연약함 가운데 힘을 얻고, 상한 심령이 치유를 받게 하소서. 우리 아이의 돌봄의 역량과 영역이 나날이 커지게 하소서.

"내가 기뻐하는 **금식**은 **흉악의 결박**을 풀어 주며 **멍에의 줄**을 끌러 주며 **압제** 당하는 자를 자유하게 하며 모든 멍에를 꺾는 것이 아니겠느냐"사 58:6.

헌신 즐거운 마음으로 주님께 헌신하게 하소서

"주의 권능의 날에 주의 백성이 거룩한 옷을 입고 즐거이 헌신하니 새벽 이슬 같은 주의 청년들이 주께 나오는도다" 시 110:3.

우리를 위해 모든 것을 기꺼이 내어 주신 하나님,
우리를 향한 주님의 헌신을 배워 우리도 주님께 온전히 헌신하게 하소서. 주님의 발자취를 본받아 우리 아이가 주께서 베푸신 은혜에 온전히 헌신하며 살아가는 아이로 자라게 하소서. 주님은 우리를 위해 목숨까지 아끼지 않으시고 즐거운 마음으로 헌신하셨으니, 우리도 주님이 부르신 사명을 위하여 목숨 바쳐 충성하게 하소서. 우리가 가진 모든 것이 하나님께로부터 왔으니, 하나님이 원하시면 물질, 시간, 재능, 모두 하나님이 기뻐하시는 일을 위하여 기꺼이 쓰겠습니다. 우리를 받아주소서. 우리의 삶이 우리의 것이 아님을 알고, 하나님의 영광을 위하여 즐거운 마음으로 드립니다. 하나님은 지금도 온전히 헌신하는 사람을 찾아 역사하는 줄 믿으니, 하나님께 헌신하는 우리 아이를 들어 드보라와 바락 사사처럼 귀하고 위대하게 사용하여 주소서.

"이스라엘의 영솔자들이 영솔하였고 백성이 즐거이 헌신하였으니 여호와를 찬송하라" 삿 5:2.

동역 마음을 같이 하여 동역하게 하소서

"우리는 하나님의 동역자들이요 너희는 하나님의 밭이요 하나님의 집이니라" 고전 3:9.

우리와 함께 일하기를 기뻐하시는 하나님,
우리 아이가 세상에서 하나님의 동역자임을 알게 하소서. 하나님과 함께 일하는 영광과 기쁨을 알게 하시고, 하나님이 공급하시는 능력과 지혜로 일하게 하소서. 우리 아이가 하나님과 동업하고 있다는 자부심과 하나님의 일을 맡았다는 책임감을 가지고 충실한 파트너가 되게 하소서. 세상에서 우리는 하나님의 대사요, 하나님의 일꾼으로서 하는 일을 통하여 하나님을 잘 드러내게 하소서. 하나님은 우리뿐만 아니라 많은 사람들을 동역자로 부르셨으니, 분야가 다르더라도 우리 모두가 한마음이 되어 서로 사랑함으로 하나님의 일을 이루게 하소서. 우리 믿는 모두는 하나님의 동역자로서 더불어 일하는 법을 배우게 하소서. 서로 돕고, 양보하고, 서로 세워주며, 협동하고, 조화를 이루며 하나님 나라를 이루게 하소서.

"형제들아 너희가 자유를 위하여 부르심을 입었으나 그러나 그 자유로 육체의 기회를 삼지 말고 오직 사랑으로 서로 종노릇 하라" 갈 5:13.

정의 정의를 세우는 사람이 되게 하소서

"정의를 지키는 자들과 항상 공의를 행하는 자는 복이 있도다" 시 106:3.

공의로우신 하나님,
우리 아이가 하나님의 공의를 알게 하소서. 우리는 공의로우신 하나님 앞에 우리의 죄 때문에 설 수 없었지만, 예수님이 십자가에서 우리의 죄를 위하여 대신 심판을 받으심으로, 우리가 의롭게 되었음을 믿습니다. 그러나 여전히 십자가의 은혜를 모르고 죄 가운데 사는 사람들은 하나님의 정의로운 심판을 피할 수 없습니다. 하나님은 죄를 싫어하시며 악한 일을 하는 자들을 심판하신다는 것을 잊지 않게 하소서. 그러므로 죄를 범하거나, 잘못을 했을 때는 빨리 회개하고 고치게 하소서. 우리 아이들이 예수님의 보혈의 은혜로 의롭게 되었으니, 하나님의 자녀답게 정의를 세우는 사람이 되게 하소서. 이 땅에는 아직도 부정과 부패가 많아서 사람들을 학대하고 억울하게 하고 죄를 짓게 만드는 일이 있습니다. 우리 아이가 이 땅에 하나님의 정의를 이루어 가는 사람이 되게 하소서. 억울한 자들을 도와주고, 약자들을 보살피고, 압제 당한 자들을 풀어 주는 사람이 되게 하소서.

"나는 정의로운 길로 행하며 공의로운 길 가운데로 다니나니" 잠 8:20.

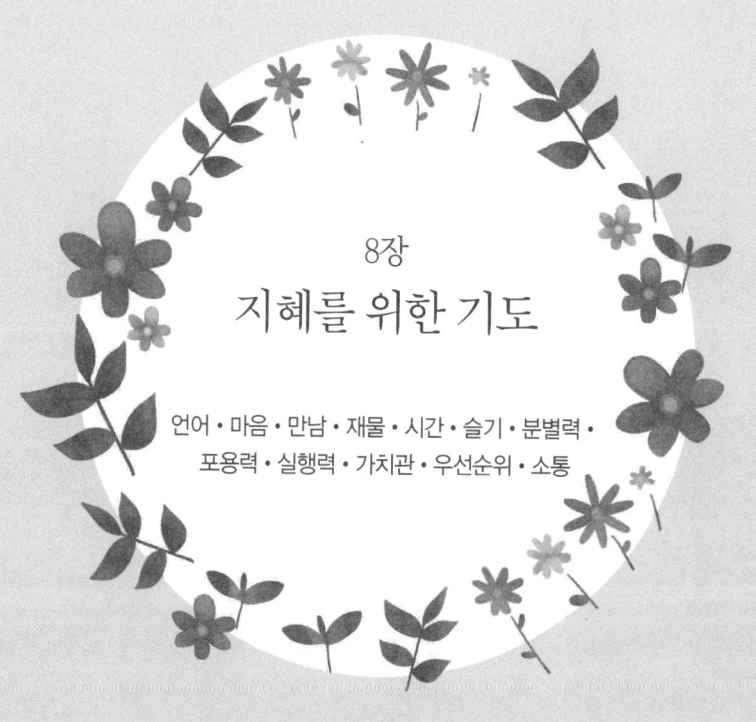

8장

지혜를 위한 기도

언어 · 마음 · 만남 · 재물 · 시간 · 슬기 · 분별력 ·
포용력 · 실행력 · 가치관 · 우선순위 · 소통

"무릇 슬기로운 자는 지식으로 행하거니와 미련한 자는 자기의 미련한 것을 나타내느니라" 잠언 13:16.

자녀와 함께 드리는 예배
하나님이 주시는 지혜를 얻게 하소서

찬송 449장(통 377장) 예수 따라가며

말씀봉독 "여호와를 경외하는 것이 지혜의 근본이요 거룩하신 자를 아는 것이 명철이니라" 잠 9:10.

메시지 세상은 지식을 추구하지만 성경은 우리에게 지혜를 얻으라고 권면합니다. 지혜의 시작은 하나님을 경외하는 것입니다. 잠언에 의하면 지혜는 아름다운 행위, 선한 성품, 부지런함 같은 선에 속하는 것이고, 어리석음은 악행, 게으름, 탐욕 같은 악에 속하는 것입니다. 유대인들이 물질적인 복을 누리는 사람들이 된 것은 일찍이 탈무드를 통해서 지혜, 정보, 사명감이라는 부의 3대 원천을 배웠기 때문입니다. 21세기는 지혜, 영감, 영력, 믿음 같은 무형의 자산을 가진 우리 자녀들이 세상을 주도할 시대입니다. 그러므로 아이들을 위해 특별히 지혜를 구해야 합니다. 솔로몬은 하나님께 지혜를 구하는, 하나님 마음에 합한 기도를 드려서 그가 구하지 않은 부귀, 권세, 재물 같은 것들까지 덤으로 얻었습니다. 사실 지혜는 이 모든 보이는 복들의 원천입니다. 지혜를 붙들게 되면 이런 것들이 따라오게 됩니다. 지혜가 으뜸 가치이고 다른 것은 따름의 가치입니다. 하나님 나라를 구하면 다른 것을 더하여 주시는 것과 같은 이치입니다. 그러므로 우리 아이들이 지혜로운 사람이 되도록 하나님께 구하고, 하나님의 말씀을 가르쳐야 합니다. 마음가짐, 습관, 행동, 인간관계, 언어, 재물, 시간 사용 같은 여러 가지 영역에서 하나님이 주시는 지혜로 행하도록 기도해야 하겠습니다.

기도 지혜의 원천이신 하나님,

지혜를 얻는 길은 악에서 떠나고 하나님을 경외하는 것이라 하셨으니, 우리 아이가 하나님을 경외하며 의로운 삶을 살게 하소서. 스스로 지혜롭게 여기지 않고 모든 일에 하나님을 먼저 인정할 때 지혜를 주신다고 하셨으니, 우리 아이는 겸손하게 하나님을 앞세우며 살게 하소서. 우리가 지혜를 구할 때 후히 주신다고 하셨으니, 하늘의 지혜, 세상 삶의 지혜, 인간관계의 지혜, 재물과 시간 활용의 지혜, 언어와 학습의 지혜, 새로운 것을 발명하는 지혜, 주어진 것을 발견하는 지혜를 주소서. 하나님이 주시는 지혜를 자신의 이기적인 목적을 위해서가 아니라 하나님의 영광을 드러내고 사람들에게 유익을 주는데 활용하게 하소서. 하나님께서 공부를 할 때도 지혜를 열어 주셔서, 창의력, 기억력, 상상력, 분별력, 응용력을 더해주소서. 하나님 말씀을 깨닫는 지혜도 주셔서 하나님의 음성을 들으며 실천함으로 말씀에 약속된 복을 누리게 하소서.

"너희 중에 누구든지 지혜가 부족하거든 모든 사람에게 후히 주시고 꾸짖지 아니하시는 하나님께 구하라 그리하면 주시리라" 약 1:5.

언어 언어를 적절하게 잘 구사하게 하소서

"무릇 더러운 말은 너희 입 밖에도 내지 말고 오직 덕을 세우는 데 소용되는 대로 선한 말을 하여 듣는 자들에게 은혜를 끼치게 하라" 엡 4:29.

말씀으로 세상을 창조하신 하나님,
우리 아이가 말씀의 능력을 알고 말을 바르게 잘 사용할 수 있게 하소서. 사랑의 언어를 사용하게 하시고, 남을 세우는 말을 하게 하시고, 믿음의 말을 하게 하소서. 사람을 칭찬하고 격려하는 언어를 사용하여 듣는 자들에게 복을 끼치게 하소서. 아름다운 언어를 사용함으로 주변이 즐겁고 행복해지며, 화목하게 하소서. 우리 아이가 불필요한 말, 불평과 거짓말, 욕이나 비난하는 말을 하지 않게 하시고, 긍정적이고, 진실하고, 정직하고, 덕을 세우는 말을 통해 하나님께 영광을 돌리게 하소서. 말에는 능력이 있으니 말로 고백한 대로 좋은 일들이 일어나게 하소서. 언어 표현도 다양하고 어휘력도 풍부하여 경우에 적합한 말을 잘하게 하시고, 사람들에게 감동과 용기와 격려를 주는 말도 잘 구사하게 하소서. 감사의 말과 축복의 말을 함으로 하나님의 은혜를 누리게 하소서. 세상의 많은 언어들을 통달할 수 있는 언어의 재능을 주셔서 세계의 사람들과 자유롭게 소통하게 하소서.

"경우에 합당한 말은 아로새긴 은 쟁반에 금 사과니라" 잠 25:11.

마음 내면의 세계를 잘 가꾸게 하소서

"모든 지킬 만한 것 중에 더욱 네 마음을 지키라 생명의 근원이 이에서 남이니라" 잠 4:23.

마음의 중심을 보시는 하나님,
세상의 무엇보다 우리 아이가 마음을 지키게 하소서. 마음을 지키는 것이 생명의 근원임을 알게 하시고, 마음의 중심에 하나님을 모시게 하소서. 하나님을 중심으로 하여 마음이 질서정연하게 정돈되게 하시고, 내면의 아름다움이 밖으로 표현되어 나오게 하소서. 말씀과 기도와 묵상을 통해 하나님과의 관계가 충실해지고, 자신의 몸과 마음과 생활을 건강하게 유지하며, 가족과 친구와 학교로 확장되어 나가게 하소서. 마음에 세상적인 가치나 미움이나 교만이나 불신앙이 자리하지 않도록 지켜 주시고, 순결하고 거룩한 마음을 갖게 하소서. 우리 아이가 마음에 주님을 왕으로, 주인으로, 생명의 주관자로 모시고 즐겁게 살게 하시고, 오직 주님 한 분만으로 만족한다고 고백하게 하소서. 내면이 향기로워 하나님 마음에 합한 자녀가 되어 하나님의 뜻을 다 이루게 하소서.

"마음의 즐거움은 얼굴을 빛나게 하여도 마음의 근심은 심령을 상하게 하느니라" 잠 15:13.

만남 아름다운 만남을 주소서

"철이 철을 날카롭게 하는 것같이 사람이 그의 친구의 얼굴을 빛나게 하느니라" 잠 27:17.

섭리 가운데 복된 만남을 주시는 하나님,
우리 아이가 주님을 만나 구원받은 하나님의 자녀로 영광스러운 삶을 살게 하심을 감사합니다. 더구나 믿음의 가정에서 부모의 사랑과 기도 가운데 자라게 하심도 감사합니다. 우리 아이에게 아름다운 만남을 주소서. 이삭과 리브가의 만남을 주선하심으로 믿음의 가문을 이루게 하시고, 다윗과 요나단을 만나게 하심으로 나라를 세우게 하시고, 엘리야와 엘리사를 만나게 하심으로 하나님의 역사를 이어가게 하시고, 바나바와 바울을 만나게 하심으로 선교의 역사를 여신 것처럼, 우리 아이도 하나님이 예비하신 사람과 만나 하나님이 기뻐하시는 새 역사를 이루게 하소서. 서로를 세워줄 수 있는 믿음의 친구들, 아이의 영성까지 키워줄 수 있는 귀한 선생님들, 아이가 원하고 꼭 필요한 좋은 학교, 은혜와 진리가 충만한 복된 교회, 즐겁게 할 수 있는 알맞은 일, 평생을 함께 할 잘 어울리는 배우자를 만나는 복을 주소서.

"바나바가 사울을 찾으러 다소에 가서 만나매 안디옥에 데리고 와서 둘이 교회에 일 년간 모여 있어 큰 무리를 가르쳤고 제자들이 안디옥에서 비로소 그리스도인이라 일컬음을 받게 되었더라" 행 11:25-26.

재물 재물을 얻을 수 있는 능력을 주소서

"네 하나님 여호와를 기억하라 그가 네게 재물 얻을 능력을 주셨음이라 이같이 하심은 네 조상들에게 맹세하신 언약을 오늘과 같이 이루려 하심이니라" 신 8:18.

재물의 주인 되신 하나님,
우리 아이에게 재물을 얻을 수 있는 능력을 주소서. 우리 아이가 하나님이 내시는 부자가 되게 하셔서 아브라함과 이삭과 야곱처럼 창대하고 번성하고 형통하게 하소서. 하나님을 잘 섬기고 물질을 잘 다스리는 지혜를 주셔서 물질의 복을 받을 뿐 아니라 축복의 통로가 되게 하소서. 하나님이 기뻐하시는 선한 사업에 부요하게 하시고 다른 사람들도 풍요롭게 하는 사람이 되게 하소서. 하나님이 주시는 지혜와 방법으로 깨끗한 부자가 되어 하나님 나라를 위해 물질을 선용함으로 하늘나라에 상급을 많이 쌓게 하소서. 생명을 구하고 사람을 세우는데, 하나님이 주신 물질을 투자하게 하소서. 재물의 주인은 하나님이라는 것을 기억하고 재물을 맡기신 주님의 뜻을 따라 사용하게 하소서. 하나님이 맡기신 모든 것에 청지기 노릇을 잘하여, 잘했다 칭찬을 받고 그래서 더 많은 것을 맡을 수 있게 하소서.

"유덕한 여자는 존영을 얻고 근면한 남자는 재물을 얻느니라" 잠 11:16.

시간 시간 사용의 지혜를 주소서

"세월을 아끼라 때가 악하니라" 엡 5:16.

시간 속에 역사하시는 하나님,
인생의 성패는 시간을 어떻게 쓰느냐에 달려 있으니, 우리 아이에게 하나님이 주신 시간을 선용할 수 있는 지혜를 주소서. 시간의 우선순위를 잘 세워서 소중한 것부터 먼저 하게 하소서. 바쁘게 쫓기는 삶이 아니라 여유를 가지고 부름 받은 삶을 살게 하소서. 말씀 앞에 먼저 주님과 함께 하는 시간을 갖게 하시고, 매사에 하나님의 때를 잘 분별하게 하소서. 유한한 세상에서 영원한 것을 위해 시간을 쓰게 하소서. 흐르는 시간을 하나님의 의미심장한 시간들로 채우게 하시고, 자투리 시간도 낭비하지 않고 미래를 위해 투자하게 하소서. 그때그때 해야 할 일을 미루지 않고 근면하게 행함으로 후회가 없게 하시고, 하나님이 주신 기회들을 잘 붙들게 하소서. 헛되이 시간의 자원을 허비하거나 필요 없는 일에 시간을 낭비하는 일이 없도록 시간 사용에 대한 계획을 세우게 하시고, 자신과의 약속을 잘 지켜 시간의 마스터가 되게 하소서.

"나의 앞날이 주의 손에 있사오니 내 원수들과 나를 핍박하는 자들의 손에서 나를 건져 주소서" 시 31:15.

슬기 인생을 슬기롭게 경영하게 하소서

"무릇 슬기로운 자는 지식으로 행하거니와 미련한 자는 자기의 미련한 것을 나타내느니라" 잠 13:16.

지혜로 세상을 만드신 하나님,
우리 아이가 슬기롭게 인생을 살게 하소서. 세상을 만드시고 운행하시는 하나님의 경륜을 따라 세상을 사는 슬기를 얻게 하소서. 솔로몬이 하나님께 지혜를 구했듯이, 우리 아이도 구하오니 하나님이 주시는 지혜로 살아가는 자녀가 되게 하소서. 미련한 자처럼 말이나 행동이 생각보다 앞서서 실수하지 않게 하시고, 무엇이 옳고 바른 것인지를 먼저 분별하게 하소서.
아이가 자신의 생각보다 하나님의 지혜를 구할 때 상황마다 슬기로운 길로 인도하소서. 험한 세상에서 우리 아이가 뱀처럼 지혜롭고 비둘기처럼 순결하게 하소서. 우리의 삶을 주관하시는 하나님께서 우리 아이의 삶도 책임져 주시고, 아이가 하나님의 마음과 뜻을 알아가게 하소서. 어려운 시기에는 요셉처럼 슬기로운 처방을 제시하여 사람들이 살 길을 열게 하소서.

"어리석은 자는 온갖 말을 믿으나 슬기로운 자는 자기의 행동을 삼가느니라" 잠 14:15.

`분별력` 매사에 분별력을 가지게 하소서

"누가 주의 이 많은 백성을 재판할 수 있사오리이까 듣는 마음을 종에게 주사 주의 백성을 재판하여 선악을 분별하게 하옵소서" 왕상 3:9.

모든 것을 밝히 드러내시는 하나님,
하나님께는 어떤 것도 감출 수가 없고 모든 것이 정체를 드러냅니다. 우리 아이에게 주님의 분별력을 주셔서 선악을 분별하게 하시고, 하나님의 선하시고 기뻐하시고 온전하신 뜻이 무엇인지 분별하게 하소서. 세상에는 많은 것들이 혼재되어 있어서 참된 가치를 찾기 힘들고 때로는 미혹을 받을 수도 있습니다. 이 세대에서 하나님이 주시는 지혜와 바른 판단력을 가지고 자신과 세상을 선하고 의로운 길로 이끌게 하소서. 하나님께 자신을 전적으로 양도하고 마음이 새롭게 되어 가치관에 변화가 일어나야 하나님의 음성이 들리는 줄 믿습니다. 패역한 세대 가운데 선지자들을 세우시고 주의 뜻을 알리셨던 것처럼, 우리 아이에게도 그러한 영적 분별력을 허락하시어 세상을 일깨우게 하소서. 말이나 생각이나 행동에 분별력을 주셔서 자신을 바로 세우며 세상을 향한 영적 지도력을 행사하게 하소서.

"너희는 이 세대를 본받지 말고 오직 마음을 새롭게 함으로 변화를 받아 하나님의 선하시고 기뻐하시고 온전하신 뜻이 무엇인지 분별하도록 하라" 롬 12:2.

포용력 넓은 마음을 주소서

"예수께서 이르시되 금하지 말라 너희를 반대하지 않는 자는 너희를 위하는 자니라 하시니라"눅 9:50.

은혜와 사랑이 한없으신 하나님,
우리 아이가 원수까지도 사랑하라 말씀하신 예수님의 넓고 크신 마음을 닮게 하소서. 우리 아이가 넓은 포용력으로 많은 사람들을 용납하고 감싸고, 결국은 그들을 감동시켜 변화가 일어나게 하소서. 아이가 넓은 마음으로 중도적인 사람들도 자신의 편으로 들어오게 하고, 대적하던 사람조차도 자신의 사람으로 만들게 하소서. 항상 마음이 부드럽고 따뜻한 사람이 되어 다른 사람을 배려하고, 많은 사람들과 화평의 관계를 추구하며, 아량이 있는 사람으로 성장하게 하소서. 그래서 우리 아이 주변에는 아이를 좋아하는 사람들이 많게 하시고, 인간관계의 영역이 널리 확장되게 하소서. 사람을 다루는 리더십의 지혜를 주셔서 다양한 사람들을 조화롭게 세우며 함께 일하게 하소서. 아이에게 원만한 인격을 주셔서 자신의 세계와 영향력이 날로 확장되게 하시고, 인식론적으로도 사고의 영역이 폭넓게 확장되게 하소서.

"하나님이 솔로몬에게 지혜와 총명을 심히 많이 주시고 또 넓은 마음을 주시되 바닷가의 모래같이 하시니"왕상 4:29.

실행력 좋은 생각을 행동으로 옮길 수 있는 실행력을 주소서

"비록 아이라도 자기의 동작으로 자기 품행이 청결한 여부와 정직한 여부를 나타내느니라" 잠 20:11.

말씀을 지켜 행하시는 하나님,
아무리 좋은 생각도 행동으로 옮기지 않으면 열매를 얻지 못하니, 우리 아이에게 좋은 아이디어를 행동으로 연결시킬 수 있는 실행력을 주소서. 행함이 없는 믿음은 죽은 믿음이라 말씀하신 것처럼, 믿음의 말과 생각도 실행하는 방법을 찾아 열매를 거두게 하소서. 모세가 홍해에 손을 내밀 때 바다가 갈라지고, 여호수아를 따라 법궤를 멘 자들이 요단강에 첫발을 내디딜 때 강이 갈라진 것처럼, 믿음으로 첫걸음을 옮기게 하소서. 처음 시작은 어렵지만 시작하고 나면 다음 단계가 열리는 첫걸음의 원리를 배우게 하소서. 결단해야 하는 일에 우유부단하거나 해야 할 일을 알면서도 머뭇머뭇하면서 미루지 않게 하소서. 다윗도 목적이 이끄는 삶을 산 것처럼, 바른 목적을 향하여 행동을 실행함으로 능력이 나타나게 하소서. 빠른 속도로 변화하는 이 시대와 상황 속에서 좋은 생각을 행동에 옮김으로 이 시대를 선도하는 리더가 되게 하소서.

"다윗은 당시에 하나님의 뜻을 따라 섬기다가 잠들어 그 조상들과 함께 묻혀 썩음을 당하였으되" 행 13:36.

가치관 성경적인 가치관과 세계관을 가지게 하소서

"천국은 마치 밭에 감추인 보화와 같으니 사람이 이를 발견한 후 숨겨 두고 기뻐하며 돌아가서 자기의 소유를 다 팔아 그 밭을 사느니라" 마 13:44.

인생의 제일 목적이 되시는 하나님,
우리 아이가 이 세상을 살아갈 때 성경의 가르침을 따라 살게 하소서. 하나님의 영광을 인생 제일의 목적으로 삼고, 세상에서 가장 소중한 것이 하나님을 사랑하는 것임을 알게 하소서. 우리 아이에게 하나님이 최고의 가치이며, 성경이 모든 삶의 표준임을 알게 하소서. 언제나 하나님의 말씀에 귀를 기울이고, 하나님께 기도하는 아이가 되게 하소서.

하나님 나라를 위해 기도하게 하시고, 하나님이 기뻐하시는 뜻을 알게 하소서. 하나님의 말씀인 성경을 기준으로, 하나님이 귀하게 여기시는 것을 사모하며, 하나님이 좋아하시는 것을 추구하게 하소서. 성경적인 가치관으로 살게 하셔서 하늘의 기준으로 세상을 살게 하소서. 성경적 세계관으로 세상을 보고 해석하게 하시고, 세속적 가치에 물들지 않게 하소서.

"그러므로 너희가 그리스도와 함께 다시 살리심을 받았으면 위의 것을 찾으라 거기는 그리스도께서 하나님 우편에 앉아 계시느니라" 골 3:1.

우선순위 하나님 나라를 최우선으로 하는 삶을 살게 하소서

"너희는 먼저 그의 나라와 그의 의를 구하라 그리하면 이 모든 것을 너희에게 더하시리라" 마 6:33.

처음과 마지막이 되신 하나님,
우리 아이가 무엇보다 먼저 하나님 나라와 의를 구하게 하소서. 하나님 나라를 으뜸으로 취할 때 많은 것들이 따라오는 것을 알게 하소서. 솔로몬처럼 지혜를 구할 때 그밖에 모든 것을 하나님께서 더하심을 알게 하소서. 아이가 세상의 일에는 우선순위가 있음을 알게 하셔서, 먼저 해야 할 일을 먼저하고, 나중에 해야 할 일을 나중에 하는 지혜를 얻게 하소서. 우선순위가 뒤바뀌어 인생이 무질서하거나 뒤죽박죽이 되는 일이 없게 하소서. 일을 대할 때 무엇이 우선인지를 깨달을 수 있는 지혜를 주셔서, 모든 일을 질서정연하게 처리하게 하소서. 소중한 것을 먼저하고, 즐거운 것을 나중에 하는 습관을 들이게 하소서. 학교생활을 할 때는 숙제나 공부부터 하고, 놀이나 오락은 나중으로 미루게 하소서. 당장의 이익이나 재미보다는 영원한 하나님의 가치를 우선으로 하게 하소서.

"범사에 많으니 우선은 그들이 하나님의 말씀을 맡았음이니라" 롬 3:2.

소통 하나님과 통하고 성도들과도 원활하게 소통하게 하소서

"그들이 사도의 가르침을 받아 서로 교제하고 떡을 떼며 오로지 기도하기를 힘쓰니라" 행 2:42.

성령 안에서 소통하게 하시는 하나님,
우리 아이가 성령 안에서 하나님과 막힘없이 소통하며 성도들과도 친밀하게 교제하게 하소서. 마음을 함께함으로 마음이 통하고, 물질을 나눔으로 물질이 서로 통하고, 서로 왕래함으로 거리의 벽이 무너지게 하소서. 의사소통을 잘할 수 있는 지혜도 주셔서, 먼저는 잘 알아듣고 다음은 잘 표현하게 하소서. 말이나 글을 통해 자신의 생각을 잘 드러내고, 사람들의 공감과 감동을 끌어내게 하소서. 물질도 소유하기보다는 잘 소통하여 활용하는 과정에서 많은 사람들을 유익하게 하고, 자신도 더 많은 것들을 남길 수 있게 하소서. 하나님이 달란트를 맡겨 주심처럼 축복의 통로가 되게 하시고, 다섯 달란트 맡은 사람처럼 잘 소통하여 또 다른 다섯 달란트를 남기게 하소서. 하나님과의 소통을 방해하는 죄를 제거해주시고, 사람들과 소통하는데 방해가 되는 편견을 제거해주소서. 가족들도 성령 안에서 하나가 되게 하소서.

"그들이 다 성령의 충만함을 받고 성령이 말하게 하심을 따라 다른 언어들로 말하기를 시작하니라" 행 2:4.

9장
학습을 위한 기도

배움 · 직관 · 영감 · 총명 · 집중력 · 기억력 ·
창의력 · 상상력 · 인성 · 지성 · 예능 · 어휘력

"그의 위에 여호와의 영 곧 지혜와 총명의 영이요 모략과 재능의 영이요 지식과 여호와를 경외하는 영이 강림하시리니" 이사야 11:2.

자녀와 함께 드리는 예배

아는 것과 사는 것이 일치하게 하소서

찬송 560장 주의 발자취를 따름이

말씀봉독 "진리를 알지니 진리가 너희를 자유롭게 하리라" 요 8:32.

메시지 교육의 목적은 아이에게 잠재되어 있는 능력을 현실로 만들어 주는 것입니다. 마치 씨앗이 좋은 토양과 일기 조건에서 잘 배양되면 꽃 피고 열매 맺듯이, 아이들도 교육을 통하여 그 안에 내재되어 있는 재능들을 잘 불러 현실화시켜 주어야 합니다. 그러나 획일화, 상대평가, 주입식 교육 방식은 각자 독특한 재능을 갖고 태어난 아이들을 개발해주는데 많은 문제점들이 있습니다. 더구나 지금의 교육은 지난 과거를 암기 시키고, 미래에 필요한 정보를 주는 데에 급급하고 있습니다. 현재 학교 현장에서 필요한 공동체 생활이나 성품교육은 제대로 시키지 못하고 있습니다. 교육의 현재가 실종된 셈입니다. 영성에 기초한 교육은 거의 불가능하여 영혼 없는 교육을 하고 있습니다. 더구나 공동체 생활도 가르치지 않아 경쟁과 이기주의가 난무하고 더불어 사는 생활이 없습니다. 교육은 왜곡되었습니다. 진리는 인격적인 개념입니다. 예수님이 진리이신 것은 말씀이 삶을 입고 나타나셨기 때문입니다. 그것이 성육신입니다. 우리가 아이들에게 힘써야 하는 것은 앎이 삶으로 나타나는 것입니다. 그것이 아이들을 자유롭게 할 것입니다.

기도 은혜와 진리로 이끄시는 하나님,
우리 아이가 세상의 학문을 습득함에 있어서도 하나님의 인도하심과 도움을 받게 하소서. 말씀과 기도에 기초한 영성이 있는 교육을 받게 하시고, 학습의 순간에 마음과 생활이 변화되게 하시고, 더불어 사는 폭넓은 사람으로 성장하게 하소서. 인류의 복된 유산인 지식을 잘 전수 받을 수 있게 하시고, 자신 안에서 더욱 개발하고 발전시켜서 인류와 사회에 공헌하게 하소서. 무한한 잠재력을 가지고 세상에 보내진 우리 아이가 그 모든 가능성을 현실화시킬 수 있는 배움의 과정이 되게 하소서. 아이에게 무한한 상상력을 주셔서 장래에 귀한 업적을 남길 수 있도록 도와주소서. 아이가 좋은 질문을 하게 하시고 탐구심을 가지고 정진하는 가운데 창의적인 답변을 찾아낼 수 있도록 인도하소서. 평생 배우려는 자세를 견지하게 하시고, 좋은 학습 태도를 가질 수 있도록 하소서. 그리하여 영력과 심력과 실력과 체력을 골고루 갖춘 인재가 되게 하소서.

"그러나 너는 배우고 확신한 일에 거하라 너는 네가 누구에게서 배운 것을 알며 또 어려서부터 성경을 알았다니 성경은 능히 너로 하여금 그리스도 예수 안에 있는 믿음으로 말미암아 구원에 이르는 지혜가 있게 하느니라"딤후 3:14-15.

배움 배움에 정진하게 하소서

"마땅히 행할 길을 아이에게 가르치라 그리하면 늙어도 그것을 떠나지 아니하리라" 잠 22:6.

배우고 확신한 일에 거하라고 하시는 하나님,
우리 아이가 항상 배움의 자세를 견지하여 좋은 학습자의 자세를 갖추도록 도와주소서. 부모와 선생님의 가르침과 지도를 잘 따르며, 형제와 친구들의 좋은 것들도 잘 받아들일 수 있게 하소서. 어렸을 때부터 바른 학습 습관이 형성되어 배우기를 힘쓰며, 배운 바는 실천하여 자신의 것으로 습득하며, 배운 것이 필요한 때에 잘 응용되어 나타나게 하소서. 하나님께서 우리 아이에게 지혜를 주셔서 배운 것을 잘 기억하게 하시고, 배운 것을 적재적소에 잘 활용하게 하시고, 배운 것 위에 새로운 것들을 상상하게 하소서. 평생 학습의 자세를 가지고 모든 것을 배움의 기회로 삼고, 날마다 새로운 것을 알아가면서 자신을 확장하는 배움의 기쁨을 주소서. 장래에 하나님이 쓰시고자 할 때, 영적으로나 지식적으로나 육체적으로 온전히 준비되어 하나님의 크신 영광을 드러내는 인재가 되게 하소서.

"이는 하나님의 사람으로 온전하게 하며 모든 선한 일을 행할 능력을 갖추게 하려 함이라" 딤후 3:17.

직관 문제를 바로 볼 수 있는 직관력을 주소서

"내가 네게 대하여 들은즉 네 안에는 신들의 영이 있으므로 네가 명철과 총명과 비상한 지혜가 있다 하도다" 단 5:14.

눈을 열어 새로운 세계를 보게 하시는 하나님,
우리 아이가 성령님이 부어 주시는 지혜의 영으로 말미암아 영감이 넘치게 하셔서 공부나 예능이나 생활에 탁월함을 더하여 주소서. 다니엘처럼 같은 일을 계획하고 진행하여도, 명철과 총명과 지혜에 있어서 모든 사람 위에 뛰어나게 하소서. 아이의 탁월함을 대적조차도 인정할 수밖에 없고, 존귀한 자리에서 오랫동안 지도력을 발휘할 수 있게 하소서. 어려운 시기에는 문제를 꿰뚫어 볼 수 있는 직관력을 주셔서, 요셉처럼 미래를 준비하고 사람들을 곤경에서 구할 수 있는 혜안을 주소서. 보기는 보아도 보지 못하고 듣기는 들어도 알지 못하는 어리석은 사람이 아니라 볼 수 있는 눈, 들을 수 있는 귀, 깨닫는 마음을 주셔서 하나님과 사람과 사물을 통달할 수 있게 하소서. 하나님이 주시는 안목으로 모든 일에 감추어진 아름다운 진리를 드러내게 하소서.

"제자들을 돌아보시며 조용히 이르시되 너희가 보는 것을 보는 눈은 복이 있도다" 눅 10:23.

영감 영감이 넘치는 사람이 되게 하소서

"그의 위에 여호와의 영 곧 지혜와 총명의 영이요 모략과 재능의 영이요 지식과 여호와를 경외하는 영이 강림하시리니" 사 11:2.

성령의 영감을 넘치도록 부으시는 하나님,
우리 아이에게 하나님의 영을 부으셔서 영감이 넘치는 사람이 되게 하소서. 성령의 감동을 따라 하나님의 뜻을 분별하며 능력 있게 살게 하소서. 말씀을 나눌 때도, 기도를 할 때도, 학업을 할 때도, 연구를 진행할 때도, 연주를 할 때도, 사업을 할 때도 하나님이 주시는 영감이 차고 넘치게 하소서. 아이에게 임한 하나님의 영으로 지혜와 총명과 이해력과 분별력과 창의력과 상상력을 더해주소서. 아이가 삶을 통하여 하나님을 감동시키고, 하나님께 감동이 된 사람이 되게 하소서. 하나님이 주시는 영감을 받는 장소를 잘 알아 항상 하나님과 소통하게 하소서. 세상이 주는 정보가 아니라 하나님이 위로부터 부으시는 영감의 능력으로 말미암아 아이의 삶이 영감이 넘치는 삶이 되게 하소서. 아이의 수고와 노력 위에 영감을 더하셔서 더욱 새롭고 독창적인 결과들이 도출되게 하소서.

"건너매 엘리야가 엘리사에게 이르되 나를 네게서 데려감을 당하기 전에 내가 네게 어떻게 할지를 구하라 엘리사가 이르되 당신의 성령이 하시는 역사가 갑절이나 내게 있게 하소서 하는지라" 왕하 2:9.

총명 학자처럼 깨닫는 총명을 주소서

"주 여호와께서 학자들의 혀를 내게 주사 나로 곤고한 자를 말로 어떻게 도와 줄 줄을 알게 하시고 아침마다 깨우치시되 나의 귀를 깨우치사 학자들같이 알아듣게 하시도다" 사 50:4.

지혜와 총명의 원천이신 하나님,
우리 아이에게 지혜와 총명을 풍성하게 부어 주셔서 잘 알아듣고, 잘 분별하며, 잘 표현하게 하소서. 하나를 배우면 열 가지를 습득할 수 있게 하시고, 하나를 알면 열 가지를 응용할 수 있게 하소서. 같은 시간과 같은 노력을 바쳐도 하나님이 주신 총명함으로 말미암아 학습에 커다란 진보가 있게 하소서. 하나님이 주시는 총명은 세상의 모든 지혜를 뛰어넘는 것을 믿습니다. 하나님을 가까이 하고 죄에서 떠난 의로운 삶을 살 때 지능이 좋아지는 것을 믿습니다. 아이에게 하나님 경외하는 마음을 주셔서 요셉, 솔로몬, 다니엘처럼 하나님이 주시는 총명함으로, 하나님의 이름을 널리 전하며 하나님께 영광 돌리는 사람이 되게 하소서. 하나님이 주신 총명으로 자신을 개발하고 세상의 지위를 얻기 위해서만 쓰지 않게 하시고, 하나님을 기쁘시게 하며 약하고 어려운 사람들을 돕고, 세상을 아름답게 만드는 데에 쓰게 하소서.

"내게 가르치며 내게 말하여 이르되 다니엘아 내가 이제 네게 지혜와 총명을 주려고 왔느니라" 단 9:22.

집중력 해야 할 일에 집중력을 주소서

"너는 마음을 다하고 뜻을 다하고 힘을 다하여 네 하나님 여호와를 사랑하라" 신 6:5.

강인한 정신력과 집중력을 주시는 하나님,
세상에 한눈팔지 않고 오직 예수님만 바라보아야 하는 것처럼, 우리 아이가 마음이나 생각을 한 가지로 모을 수 있는 힘을 주소서. 우리 아이가 학습을 할 때도 주의가 산만하지 않고 마음을 모을 수 있는 집중력을 주소서. 집중해서 하게 되면 짧은 시간에도 큰 효과를 내는 것을 믿습니다. 일의 우선순위도 잘 정해서 자신이 해야 할 중요한 일부터 집중적으로 하게 하소서. 예배면 예배, 공부면 공부, 숙제면 숙제, 독서면 독서, 운동이면 운동, 놀이면 놀이, 이렇게 한 번에 한 가지씩 집중해서 행하게 하소서. 보는 것, 듣는 것, 노는 것에 정신이 팔려 자신이 해야 할 일을 소홀히 하거나 건성으로 하는 일이 없도록 하소서. 바울이 푯대를 정해놓고 그 길로 마음과 뜻과 정성을 다해 달려갔던 것처럼, 우리 아이도 분명한 목표를 설정하고 자신의 역량을 다하여 진력하게 하소서. 아이가 깊이 생각할 줄 알고, 열심과 재능을 전적으로 투입할 줄 알게 하소서.

"네 손이 일을 얻은 대로 힘을 다하여 할지어다 네가 장차 들어갈 스올에는 일도 없고 계획도 없고 지식도 없고 지혜도 없음이니라" 전 9:10.

기억력 공부한 모든 것이 기억나게 하소서

"옛날을 기억하라 역대의 연대를 생각하라 네 아버지에게 물으라 그가 네게 설명할 것이요 네 어른들에게 물으라 그들이 네게 말하리로다" 신 32:7.

말씀을 영원히 기억하라고 하신 하나님,
우리 아이가 하나님의 말씀을 암송하고 그것을 항상 기억할 수 있는 기억력을 주소서. 성경을 읽음으로 성경의 말씀들이 가슴에 새겨지게 하시고, 아이를 위한 하나님의 약속으로 활용되게 하소서. 말씀을 기억함으로 그 말씀 사건의 일원이 되고, 그 말씀이 오늘의 사건으로 일어나게 하소서.
인류에는 기억해야 할 많은 지혜의 유산들이 있는 것을 믿습니다. 우리 아이에게 기억력을 더하셔서 읽고 듣고 공부하며 암기한 모든 내용이 마음에 잘 담겨지게 하셔서 필요한 때에 적절하게 응용되어 새로운 것을 창조하게 하소서. 소중한 것들은 한 번만 보아도 잘 기억이 되게 하시고, 기억한 것들이 자신의 지식과 지혜로 잘 활용되게 하소서.

"곧 여호와의 일들을 기억하며 주께서 옛적에 행하신 기이한 일을 기억하리이다" 시 77:11.

창의력 창조주의 형상을 따라 창의력을 주소서

"태초에 하나님이 천지를 창조하시니라" 창 1:1.

천지만물을 창조하신 하나님,
모든 피조 세계를 설계하시고 창조하신 하나님의 지혜와 그 안에 담겨 있는 신비는 이루 헤아릴 수가 없습니다. 오직 창조주 하나님께 찬양과 경배를 드립니다. 창조주 하나님의 형상을 따라 지어진 우리 아이에게 하나님의 창의력이 넘치게 하소서. 아이에게 새로운 것을 생각해내는 능력을 주셔서, 필요와 경우에 따라 비상한 아이디어가 떠오르게 하시고, 인류를 위해 유용한 발명품을 만들어 내며, 공동체를 위해서도 참신한 제안을 하게 하소서. 하나님이 주신 창조적 능력으로 만물을 잘 보존하고 더욱 잘 관리하며 발전시키게 하소서. 만물을 관찰할 때도 하나님의 섭리와 지혜와 능력을 깨달아 그 비밀을 드러내게 하시고, 그것들을 응용하고 발전시켜 활용할 수 있는 창의력을 주소서. 과거의 세대가 물려준 기억력 위에 아이의 창의력을 더하여 새로운 역사를 만들게 하소서. 아이가 믿음과 기도로 자신에게 잠재되어 있는 그 창의력을 현실화시키게 하소서.

"무리가 보고 여호와의 손이 지으신 바요 이스라엘의 거룩한 이가 이것을 창조하신 바인 줄 알며 함께 헤아리며 깨달으리라" 사 41:20.

[상상력] 새로운 일을 꿈꾸는 상상력을 주소서

"보라 내가 새 일을 행하리니 이제 나타낼 것이라 너희가 그것을 알지 못하겠느냐 반드시 내가 광야에 길을 사막에 강을 내리니" 사 43:19.

새 일을 기대하라고 말씀하시는 하나님,
우리 아이에게 상상력을 더하여 주셔서, 하나님이 하시는 새로운 일을 기대하며 꿈꾸게 하소서. 하나님께서 우리에게 행하셨던 일들은 우리가 듣지도 보지도 생각지도 못한 놀라운 일들이었습니다. 광야에 길이 나고, 사막에 강이 흐르는 하나님의 상상력이 현실로 이루어진 것처럼, 우리 아이에게도 믿음으로 상상력을 더하여 주셔서 불가능한 것들을 가능하게 만드는 역사가 이루어지게 하소서. 노아는 하나님의 지시를 받아 산 위에 방주를 예비함으로 새로운 세계를 준비하였습니다. 아직도 감추어져 있는 놀라운 일들을 우리 아이가 상상할 수 있게 하시고, 그것을 현실화시킬 수 있는 방법을 가르쳐 주소서. 측량할 수 없는 무궁무진한 하나님께서 아이와 함께 하셔서 아이의 생각을 열어 주시고, 이전에는 생각하지도 못했던 것들을 알게 하여 주소서. 아이가 하나님의 충만하심으로 충만하게 하소서.

"그 너비와 길이와 높이와 깊이가 어떠함을 깨달아 하나님의 모든 충만하신 것으로 너희에게 충만하게 하시기를 구하노라" 엡 3:19.

「인성」 하나님과 사람들에게 칭찬받는 사람이 되게 하소서

"예수는 지혜와 키가 자라가며 하나님과 사람에게 더욱 사랑스러워 가시더라" 눅 2:52.

거룩하신 하나님 아버지,
우리 아이가 하나님을 닮아 아름다운 성품을 지니게 하소서. 예수님도 어렸을 때 그 착한 성품으로 말미암아 하나님과 사람들에게 사랑과 칭찬을 받은 것처럼, 우리 아이도 인성이 올바르게 형성되게 하소서. 하나님의 마음을 우리 아이에게 주셔서 항상 밝고 명랑하며, 사랑할 줄 알고 사랑 받을 줄도 알고, 어려운 사람을 불쌍히 여길 줄 알며, 남을 포용하며 배려할 줄 아는 사람으로 자라게 하소서. 다른 사람의 말이나 행동으로 어린 마음에 상처를 받지 않도록 지켜 주셔서, 건강한 마음을 지니고 바르게 자라게 하소서. 아이의 인격에서 향기가 나게 하소서, 그래서 사람들이 가까이 하고 싶은 사람이 되게 하소서. 영성과 도덕성이 담겨 있는 아이의 인성에서 예수님 닮은 모습이 드러나게 하소서. 사무엘의 말이 하나도 땅에 떨어지지 않은 것처럼, 우리 아이도 인격자로 존중을 받게 하소서.

"인자와 진리가 네게서 떠나지 말게 하고 그것을 네 목에 매며 네 마음판에 새기라" 잠 3:3.

지성 인격을 갖춘 지성인이 되게 하소서

"그러므로 너희가 더욱 힘써 너의 믿음에 덕을, 덕에 지식을, 지식에 절제를, 절제에 인내를, 인내에 경건을, 경건에 형제 우애를, 형제 우애에 사랑을 더하라" 벧후 1:5-7.

명철이 한없으신 하나님,
우리 아이에게 인성과 지성이 아름다운 조화를 이루게 하소서. 탁월한 실력과 명철이 성숙한 성품의 그릇에 담기게 하셔서, 금쟁반에 옥구슬처럼 존귀한 인생이 되게 하소서. 우리 아이가 가진 지식은 덕을 세우며, 사랑을 실천하며, 공동체를 이롭게 하는 인격을 갖춘 지식이 되게 하소서. 하나님이 주신 명철함이 인격을 갖춰, 하나님의 일을 하며 하나님께 영광을 돌리는 그런 지성이 되게 하소서. 안다는 것이 교만하게 하거나 이기적인 지식으로 남을 어렵게 하지 않게 하시고, 높은 학문으로 세상을 혼란스럽게 하는 인본적인 지성이 아니라, 하나님을 경외하고 하나님이 주신 사명을 감당하게 하고 많은 사람들에게 유익을 주는, 하나님께로 난 지성이 되게 하소서. 많은 지식에 겸손과 믿음을 더하셔서 하나님과 사람들을 섬기기 위해 쓰게 하소서.

"그러나 교회에서 네가 남을 가르치기 위하여 깨달은 마음으로 다섯 마디 말을 하는 것이 일만 마디 방언으로 말하는 것보다 나으니라" 고전 14:19.

예능 예술적인 감각과 재능을 주소서

"브살렐과 오홀리압과 및 마음이 지혜로운 사람 곧 여호와께서 지혜와 총명을 부으사 성소에 쓸 모든 일을 할 줄 알게 하신 자들은 모두 여호와께서 명령하신 대로 할 것이니라" 출 36:1.

예술적 감각이 탁월하신 하나님,
하나님이 만드신 우주만물을 보면 하나님이 얼마나 경이로운 예술성을 지니고 계신 분인지 알 수 있습니다. 자연만물만 보아도 그 아름다움이 그지없습니다. 음악, 그림, 춤, 연극, 시, 문학을 다 동원하여도 이루 형용할 길이 없습니다. 우리 아이에게 이 하나님이 만드신 세계를 보고 느끼고 경탄하는 마음과 감각을 주소서. 거기에 주님이 주시는 영감을 더하셔서 자신에게 주어진 예술적 재능으로 표현할 수 있게 하소서. 먼저 창조주 하나님을 마음껏 찬양하게 하시고, 많은 사람들이 이것을 보고 듣고 느끼고 행복을 누릴 수 있도록 언어나 그림으로 표현하게 하소서. 하나님께 영광을 돌리기 위해서, 자신의 인생의 풍요로움을 위해서, 그리고 다른 사람들에게 감동을 줄 수 있도록 예술적 감성과 재능을 주소서.

"다윗과 이스라엘 온 무리는 하나님 앞에서 힘을 다하여 뛰놀며 노래하며 수금과 비파와 소고와 제금과 나팔로 연주하니라" 대상 13:8.

어휘력 느낌과 생각을 잘 표현할 수 있게 하소서

"사람은 그 입의 대답으로 말미암아 기쁨을 얻나니 때에 맞는 말이 얼마나 아름다운고" 잠 15:23.

세상만물을 말씀으로 만드신 하나님,
말씀의 능력도 대단하지만, 하나님께서 얼마나 말씀을 정교하게 구사하셨는지 말씀으로 이루어진 세계를 보면 놀랍습니다. 우리 아이가 성경 말씀으로 말을 배우며 그 말씀의 능력과 말씀의 표현력을 습득하기 원합니다. 우리 아이에게 상황에 적합한 아름다운 말을, 다양하면서도 정확하게 표현할 수 있는 어휘력을 주소서. 평소에 꾸준한 독서와 바른 대화를 통하여 풍부한 어휘 능력을 갖추게 하시고, 글쓰기를 통하여 아름답고 힘이 있으면서도 명료한 표현을 할 수 있는 언어의 능력을 주소서. 아이가 대화를 할 때도 상대의 말을 경청하고, 지혜로운 답변을 하게 하소서. 아이가 언어를 통하여 하나님을 드러내고, 자신의 생각을 자유롭게 소통하고, 다른 사람들의 좋은 생각도 받아들일수 있는 능력을 주소서. 한국어뿐 아니라 외국어 습득 능력도 탁월하게 하셔서 세계 시민으로 살게 하소서.

"명철한 사람의 입의 말은 깊은 물과 같고 지혜의 샘은 솟구쳐 흐르는 내와 같으니라" 잠 18:4.

10장
습관을 위한 기도

경건 • 말씀 암송 • 선행 • 긍정 • 감사 • 경청 •
동행 • 안식 • 독서 • 예절 • 근면 • 구제

"주의 말씀을 조용히 읊조리려고 내가 새벽녘에 눈을 떴나이다" 시편 119:148.

자녀와 함께 드리는 예배
거룩한 습관을 갖게 하소서

찬송 430장(통 456) 주와 같이 길 가는 것

말씀봉독 "예수께서 나가사 습관을 따라 감람산에 가시매 제자들도 따라갔더니" 눅 22:39.

메시지 예수님은 습관을 따라 기도하셨고, 제자들도 예수님의 거룩한 습관을 배웠습니다. 성공한 사람들은 모두 성공하는 습관을 가지고 있었습니다. "세 살 버릇 여든까지 간다"는 우리 속담도 있듯이 어렸을 때, 좋은 습관을 길러 주어야 평생 바른 삶을 살게 됩니다. 우리 아이도 영적인 거룩한 습관을 몸에 익히고, 마음의 습관, 생활의 습관도 바르게 형성해야 하겠습니다. 습관은 단번에 형성되지 않기 때문에 일정 기간 반복적으로 훈련을 해야 합니다. 통상 3주 동안 반복하면 습관이 든다고 합니다. 처음에는 힘들더라도 일단 습관이 형성되면 익숙하게 할 수 있습니다. 아이가 습득해야 할 좋은 습관이 무엇인지를 아이와 상의하여 먼저 리스트를 만드십시오. 그리고 서로 지키기로 약속을 하고 실행 계획을 만들어 체크하면서 습관이 들 때까지 노력을 해야 하겠습니다. 아이가 잘하면 상을 주어 격려하는 것도 좋겠습니다. 고쳐야 할 습관이 있다면 이것도 부모님과 함께 노력해

야 하겠습니다. 어렸을 때 좋은 습관을 들이면, 이 습관이 평생 좋은 스승이 되어 아이를 승리하는 삶으로 이끌어 갈 것입니다. 좋은 습관을 위해 기도합시다.

기도 아이를 새롭고 보배로운 존재로 만드신 하나님, 우리 아이가 이 땅에서 하나님의 보내신 목적에 맞게 살도록 잘 길들여지게 하소서. 먼저 하나님의 자녀로서 하나님과의 관계를 잘 맺을 수 있는 거룩한 습관을 형성하게 하소서. 자신의 마음과 생활 자세와 행동이 바르고 아름답게 형성되어 절제된 삶을 살 수 있도록 도와주소서. 예배에 열정적으로 참여하는 습관, 긍정적이고 적극적인 생각으로 범사에 감사하는 습관, 규칙적으로 생활하는 건강한 습관, 음식을 가리지 않고 골고루 먹는 습관, 일찍 자고 일찍 일어나는 습관, 어른을 공경하고 서로를 사랑하는 습관, 성실하게 열심히 공부하는 습관, 읽고 쓰고 생각하고 발표하는 학습 습관, 좋은 말을 적절하게 사용하는 습관, 시간이나 물질을 낭비하지 않는 습관, 재미있게 놀면서도 절제할 줄 아는 습관을 가지게 하소서. 예수님이나 다니엘처럼 거룩한 습관을 가져서 성공적인 인생을 살게 하소서.

"다니엘이 이 조서에 왕의 도장이 찍힌 것을 알고도 자기 집에 돌아가서는 윗방에 올라가 예루살렘으로 향한 창문을 열고 전에 하던 대로 하루 세 번씩 무릎을 꿇고 기도하며 그의 하나님께 감사하였더라" 단 6:10.

경건 | 규칙적으로 경건 생활을 하게 하소서

"육체의 연단은 약간의 유익이 있으나 경건은 범사에 유익하니 금생과 내생에 약속이 있느니라" 딤전 4:8.

경건한 자녀를 원하시는 하나님,
우리 아이가 무엇보다 경건에 이르는 훈련에 힘써서, 하나님을 경외하는 경건한 사람이 되게 하소서. 매일 아침마다 하나님의 말씀과 기도와 찬양으로 하루를 시작하게 하시고, 하루의 삶이 하나님께 드리는 영적인 예배가 되게 하소서. 경건의 습관으로 말미암아 날마다 하나님과 동행하는 삶을 살게 하소서. 내면에서 우러나오는 경건의 능력으로 말미암아 생각과 말과 행동이 거룩하여지고, 세상의 악을 분별하고 이길 수 있게 하소서. 참된 경건은 하나님의 뜻을 따르는 생활이니, 범사에 하나님의 뜻을 헤아려 행하게 하시고, 어려운 이웃들을 돌보게 하소서. 우리 아이의 마음이 온전히 하나님께 붙들린 바 되어 육체의 사람이 아닌 영의 사람으로 하나님의 자녀답게 성결하게 살게 하소서. 거룩한 행실로 하나님을 기쁘시게 하는 아이가 되게 하소서.

"그러므로 우리가 흔들리지 않는 나라를 받았은즉 은혜를 받자 이로 말미암아 경건함과 두려움으로 하나님을 기쁘시게 섬길지니" 히 12:28.

말씀 암송 마음에 말씀을 늘 새기게 하소서

"주의 말씀을 조용히 읊조리려고 내가 새벽녘에 눈을 떴나이다" 시 119:148.

말씀으로 생명의 양식을 공급하시는 하나님,
우리 아이가 하나님 말씀을 읽을 뿐 아니라 말씀을 암송함으로 말씀이 삶 곳곳에 스며들게 하소서. 외운 말씀이 가슴에 새긴 말씀이 되어 아이의 인생을 형성하게 하소서. 암송한 말씀이 매사를 판단할 수 있는 기준이 되어, 아이가 나아갈 길의 나침반이 되게 하소서. 하나님의 인도하심이나 도움이 필요할 때, 암송한 말씀들이 적절하게 떠올라 하나님이 주시는 말씀으로 들리게 하소서. 예수님께서 광야 시험을 말씀으로 이기신 것처럼, 시험이나 어려운 순간에 암송한 말씀이 능력이 되어 승리하게 하소서. 말씀이 아이의 인도자가 되며, 말씀이 아이를 복되게 하며, 말씀이 아이를 지키는 것을 믿습니다. 아이의 심령에 말씀이 가득할 때, 영적인 풍요로움과 만족감을 얻기 때문에 세상의 헛된 것들을 구하지 않을 것을 믿습니다. 매일 말씀을 암송함으로 영적인 기근이나 기갈을 느끼지 않게 하소서.

"내가 주께 범죄하지 아니하려 하여 주의 말씀을 내 마음에 두었나이다" 시 119:11.

선행 선한 일에 힘쓰는 자가 되게 하소서

"선을 행하며 선한 사업을 많이 하고 나누어 주기를 좋아하며 너그러운 자가 되게 하라" 딤전 6:18.

선한 일에 부요하기를 원하시는 하나님,
우리 아이가 하나님의 선하심을 닮아 선행을 좋아하고 선한 일에 앞장서게 하소서. 작은 일부터 선을 행하는 것이 습관이 되게 하셔서 나누어 주는 것을 좋아하고, 어려운 사람들을 보면 도와주고, 모두를 선대하는 선량한 사람이 되게 하소서. 우리 아이가 선을 행하다가 낙심하지 않게 하시고, 사람들의 칭찬보다는 하나님의 인정과 상급을 구하게 하소서. 사람들이 볼 때뿐 아니라, 보지 않을 때에도 하나님 앞에서 선을 행하게 하소서. 사소한 일의 선행부터 습관화하여 장차 큰일도 하게 하소서. 슬퍼하는 친구를 격려하고, 학습이 부진한 친구를 도와주고, 부모님을 도와 심부름도 하고, 할머니 할아버지에게 문안 인사도 드리고, 항상 착한 일을 찾아서 하게 하소서. 우리 아이가 가난하고 어려운 사람들을 볼 때, 하나님의 눈으로 볼 수 있는 마음을 주셔서 더 많은 사람들을 도울 수 있게 하소서.

"가난한 자를 불쌍히 여기는 것은 여호와께 꾸이는 것이니 그 선행을 갚아 주시리라" 잠 19:17.

긍정 긍정적인 사고를 하게 하소서

"하나님의 약속은 얼마든지 그리스도 안에서 예가 되니 그런즉 그로 말미암아 우리가 아멘 하여 하나님께 영광을 돌리게 되느니라" 고후 1:20.

모든 것이 가능하신 아멘이신 하나님,
하나님께는 모든 것이 가능하며 하나님의 자녀들에게 허락하신 모든 약속도 믿음으로 온전히 이루어짐을 믿습니다. 우리 아이가 하나님 말씀에 대하여 언제나 '아멘'함으로 하나님께 영광을 돌리는 것이 습관이 되게 하소서. 모든 사물을 긍정적으로 볼 수 있는 눈을 주셔서 적극적인 생각과 할 수 있다는 말이 아이에게 있게 하소서. 우리 아이가 세상을 살아갈 때 당장 눈앞에 보이는 것에 주눅들지 않고, 하나님이 주시는 소망과 긍정의 힘을 믿고 담대하게 나아가게 하소서. 늘 감사와 찬양과 믿음과 사랑으로 불평, 원망, 불안, 분노를 잠재우고 밝고도 명랑한 생활을 하게 하소서. 바울과 실라가 억울하게 감옥에 갇힌 상황에서도 최소한의 할 수 있는 긍정적인 행동인 찬양과 기도로 모든 상황을 역전시킨 것처럼, 우리 아이도 긍정적인 행동의 힘을 믿게 하소서. 모든 것에 감사하며 긍정적인 말과 행동이 습관이 되게 하소서.

"예수께서 이르시되 할 수 있거든이 무슨 말이냐 믿는 자에게는 능히 하지 못할 일이 없느니라 하시니" 막 9:23.

감사 - 범사에 감사하는 생활을 하게 하소서

"그 안에 뿌리를 박으며 세움을 받아 교훈을 받은 대로 믿음에 굳게 서서 감사함을 넘치게 하라" 골 2:7.

범사에 감사하라고 말씀하신 하나님,
우리 아이가 항상 하나님의 은혜에 감사하고, 부모의 사랑에 감사하며 살게 하소서. 범사에 감사하는 것이 습관이 되게 하소서. 하나님이 주신 복을 당연하게 여기지 않고 하나님께 진심으로 감사하고, 사람들에게 도움을 받거나 혜택을 입을 때도 적절하게 감사를 표현할 줄 알게 하소서. 작은 것이라도 감사함으로 더 큰 것이 주어지게 하시고, 믿음으로 먼저 감사함으로, 더욱 감사할 일들이 생기게 하소서. 감사를 생활화하여 불평과 불만이 사라지게 하소서. 감사로 제사를 드리는 자가 하나님을 영화롭게 한다고 하셨으니, 감사함으로 기도하게 하소서. 하나님의 자녀 된 것을 감사하고, 믿음의 가정에서 태어난 것을 감사하고, 일용할 양식을 주신 것을 감사하고, 공부할 수 있는 좋은 환경을 주신 것에 감사합니다. 감사하는 마음은 하나님이 깃들인 마음이니, 감사하는 마음으로 예배하고, 감사하는 마음으로 공부하고, 감사하는 마음으로 일하게 하소서.

"하나님께서 지으신 모든 것이 선하매 감사함으로 받으면 버릴 것이 없나니" 딤전 4:4.

경청 듣는 귀를 주시어 잘 알아듣게 하소서

"너희는 귀를 기울여 내 목소리를 들으라 자세히 내 말을 들으라" 사 28:23.

귀 있는 자는 들으라고 말씀하시는 하나님,
우리 아이에게 들을 귀를 주셔서 성령님께서 하시는 세미한 음성을 잘 알아듣게 하소서. 오순절 성령강림의 의사소통의 기적은 알아듣는 기적이었음을 믿습니다. 매일 성경을 읽음으로 성경을 통하여 말씀하시는 하나님의 음성을 들을 수 있게 훈련시켜 주소서. 게임, 스마트폰, 인터넷, 텔레비전 등의 미디어로 인해 하나님의 음성을 듣는데, 방해를 받지 않게 하소서. 우리 아이가 마음을 집중하여 부모님이나 선생님의 말씀도 잘 알아듣고 순종하게 하소서. 사람들의 이야기도 경청하여 지혜를 얻게 하시고, 분별력을 가지고 바른 판단을 하게 하소서. 어떤 선입견이나 주의력 결핍으로 잘못 알아듣거나 오해하는 일이 없게 하소서. 더구나 어려운 사람이나 도움이 필요한 사람들을 무시하지 않고, 그들의 말에 귀를 기울이고 필요한 도움을 주게 하소서. 세상의 많은 소리들 가운데 진리를 분간할 수 있게 하소서.

"듣는 귀와 보는 눈은 다 여호와께서 지으신 것이니라" 잠 20:12.

[동행] 언제나 하나님과 동행하게 하소서

"사람아 주께서 선한 것이 무엇임을 네게 보이셨나니 여호와께서 네게 구하시는 것은 오직 정의를 행하며 인자를 사랑하며 겸손하게 네 하나님과 함께 행하는 것이 아니냐" 미 6:8.

언제나 우리와 동행하기를 원하시는 임마누엘 하나님, 우리 아이가 하나님의 성품과 뜻과 목적이 일치하여 하나님과 늘 동행하게 하소서. 하나님의 거룩하심을 따라 성결한 생활을 함으로 하나님의 임재를 날마다 경험하게 하소서. 하나님께서 원하시는 대로 인생의 목적을 정하고, 이끄심을 따라 한 걸음씩 나아가게 하소서. 하나님과 동행하는 삶이 즐겁고 복된 길임을 고백하게 하소서. 노아가 하나님과 동행함으로 의인이요, 당대에 완전한 자라 불리어진 것처럼, 우리 아이도 하나님과 동행함으로 온전한 사람이 되게 하소서. 우리 아이가 늘 주님의 손을 잡고 나아가는 것을 기도와 말씀 안에서 확인하게 하시고, 하나님의 보호하심과 능력을 경험하게 하소서. 세상의 무엇보다 하나님 자신이 가장 큰 기업이시요 상급이시니, 하나님이 함께 하심을 최고의 영광으로 여기게 하소서.

"이것이 노아의 족보니라 노아는 의인이요 당대에 완전한 자라 그는 하나님과 동행하였으며" 창 6:9.

안식 주님이 주시는 참된 안식을 누리게 하소서

"하나님이 그 일곱째 날을 복되게 하사 거룩하게 하셨으니 이는 하나님이 그 창조하시며 만드시던 모든 일을 마치시고 그 날에 안식하셨음이니라"창 2:3.

참된 안식으로 인도하시는 하나님,
하나님은 창조 마지막 날 쉬셨지만 우리에게는 첫 날에 안식부터 주셨습니다. 우리에게 안식을 주셔서 그날에 쉼을 얻고, 복을 받고, 성별되게 해주심을 감사합니다. 우리 아이가 믿음으로 하나님이 주시는 안식의 선물을 누리게 하소서. 믿음이 없어 맡기지 못하고 쉬지 못해 분주하지 않게 하소서. 참된 안식은 주님 안에 있는 것이며, 주님이 모든 것을 공급하시는 분임을 고백하는 것인 줄 믿습니다. 주일을 성수하여 온전히 하나님께 예배하며, 이 날은 일이나 공부로부터 자유롭게 하소서. 때때로 시간을 정하여 하나님이 주시는 안식을 경험함으로 몸과 마음과 영혼이 새 힘을 얻게 하소서. 우리의 모든 무거운 짐은 주님께 맡기고, 주님이 주시는 쉬운 짐을 지게 하소서. 우리 가족 모두가 안식을 누림으로, 걱정, 피곤, 욕심, 분주함, 불신앙으로부터 벗어나 하나님께서 채워주시고 공급해주시는 것을 경험하게 하소서.

"수고하고 무거운 짐 진 자들아 다 내게로 오라 내가 너희를 쉬게 하리라"마 11:28.

독서 책 읽기를 습관화하게 하소서

"예수께서 이르시되 율법에 무엇이라 기록되었으며 네가 어떻게 읽느냐" 눅 10:26.

책을 통해 영감을 주시는 하나님,
우리 아이가 책 읽기를 습관화함으로 인류의 유산과 기억을 잘 계승하게 하소서. 책을 통하여 시간과 공간과 언어를 초월하여 훌륭한 인물들을 만나게 하시고, 그들에게 배우게 하소서. 책을 읽음으로 넓은 세상이 열리게 하시고, 책을 통하여 자기 자신의 진면목을 더 잘 볼 수 있게 하소서. 책을 가까이함으로 지혜를 얻게 하시고, 읽은 모든 책이 마중물 되어, 잠재되어 있던 귀한 것들이 무궁무진하게 개발되게 하소서. 책이 주는 즐거움과 유익을 알게 하셔서, 자기 스스로 책을 항상 가까이 하고 읽는 습관을 갖게 하소서. 하나님 말씀을 읽고, 기본적인 독서를 하는 것에서부터 책 읽기의 영역이 점점 넓어지게 하소서. 재미있게 책을 읽는 것에서 더 나아가 실천하게 하시고, 영감이 있는 글도 쓰게 하소서.

"청하건대 우리가 그를 위하여 작은 방을 담 위에 만들고 침상과 책상과 의자와 촛대를 두사이다 그가 우리에게 이르면 거기에 머물리이다 하였더라" 왕하 4:10.

`예절` 예절 바른 사람이 되게 하소서

"너희는 주 안에서 성도들의 합당한 예절로 그를 영접하고 무엇이든지 그에게 소용되는 바를 도와줄지니 이는 그가 여러 사람과 나의 보호자가 되었음이라" 롬 16:2.

하나님을 경외하고 부모를 공경하라고 하신 하나님,
우리 아이가 하나님 앞에서 예절 바른 아이로 자랄 수 있도록 도와주소서. 하나님을 경외하고 부모님께 효도하며 형제간에 우애하게 하소서. 예절이 몸에 익어서 어른들을 존중하고 인사도 잘하고, 친구들을 사랑하며 사이좋게 지내게 하소서. 아이의 얼굴에는 공손함이, 입에는 환한 미소가, 태도에는 단정한 몸가짐이 드러나게 하소서. 아이가 예쁜 말과 고운 말로 어른을 높이고, 진심으로 친구를 칭찬하게 하소서. 아이가 사회의 질서도 잘 준수하고, 사람 사이의 에티켓도 잘 지켜서 조화로운 생활을 하게 하소서. 우리 아이가 교회 안에서 성도들을 예절로 대하듯이, 다른 사람도 주님의 이름으로 환대하게 하소서. 그리하여 학교와 사회에서 아이를 아는 모든 사람에게 환영받고 사랑받는 아이로 자라게 하소서.

"만일 어떤 과부에게 자녀나 손자들이 있거든 그들로 먼저 자기 집에서 효를 행하여 부모에게 보답하기를 배우게 하라 이것이 하나님 앞에 받으실 만한 것이니라" 딤전 5:4.

근면 부지런하게 노력하는 사람이 되게 하소서

"부지런한 자의 경영은 풍부함에 이를 것이나 조급한 자는 궁핍함에 이를 따름이니라" 잠 21:5.

지금도 열심히 일하시는 하나님,
우리 아이가 하나님을 닮아 자신에게 주어진 일에 열정을 가지고 열심히 하는 사람이 되게 하소서. 봄에 부지런히 일하는 농부는 가을에 추수할 것이 많아지듯이, 지금 아이가 열심히 공부하고 노력하여 장래에 풍성한 수확을 거두는 사람이 되게 하소서. 우리 아이가 노력하지 않고 요행이나 우연히 얻는 것을 바라지 않게 하시고, 자신이 노력하여 30배, 60배, 100배의 결실을 얻게 하소서. 부정직한 방법으로 얻은 성공을 부러워하지 않게 하시고, 오직 정직하게 땀 흘리고 노력하여 얻은 성공을 가치 있게 여기게 하소서. 하나님은 우리의 수고와 열심 위에 복을 주신다는 것을 명심하고 무슨 일을 하든지 부지런하게 몸을 움직이게 하소서. 우리 아이 자신의 땀과 눈물이 묻어 있는 재산과 열매를 가지고 하나님께 나아가며, 다른 사람들을 위해서도 값지게 쓰게 하소서.

"손을 게으르게 놀리는 자는 가난하게 되고 손이 부지런한 자는 부하게 되느니라" 잠 10:4.

구제 선한 사업에 부요하게 하소서

"구제를 좋아하는 자는 풍족하여질 것이요 남을 윤택하게 하는 자는 자기도 윤택하여지리라" 잠 11:25.

구제를 기뻐하시는 하나님,
우리 아이가 어릴 때부터 남을 돕는 것을 생활화하게 하소서. 어려운 자를 돕는 것은 하나님께 꾸어 주는 것이요, 하나님께서 갚아 주신다고 하셨으니, 하나님을 섬기는 마음으로 아무것도 바라지 말고 베풀게 하소서. 우리 아이가 나누고 베푸는 삶 속에 하나님의 나라가 임하는 것을 알게 하소서. 이 세상에는 어려운 사람이 끊어질 날이 없으니, 그들을 불쌍히 여기는 마음을 가지고 구제하는 것이 습관이 되게 하소서. 개인적 구제에서 나아가 사회적 구제도 할 수 있는 어른이 되게 하시고, 선한 사업에 대한 비전을 가지고 자라게 하소서. 우리 아이를 통하여 가난한 자, 병든 자, 소외된 자, 연약한 자들이 살아갈 힘을 얻게 되는 밝고 아름다운 세상을 꿈꾸게 하소서. 하나님이 기뻐하시는 선한 사업에 부요한 자가 되게 하소서.

"네 구제함을 은밀하게 하라 은밀한 중에 보시는 너의 아버지께서 갚으시리라" 마 6:4.

11장
건강을 위한 기도

아름다움 • 체력 • 영양 • 성장 • 성숙 • 감성 •
단정함 • 청결 • 면역력 • 생명력 • 장수 • 평강

"하나님은 나를 돕는 이시며 주께서는 내 생명을 붙들어 주시는 이시니이다" 시편 54:4.

자녀와 함께 드리는 예배
전인적인 건강을 주소서

찬송 570장(통 453장) 주는 나를 기르시는 목자

말씀봉독 "사랑하는 자여 네 영혼이 잘됨같이 네가 범사에 잘되고 강건하기를 내가 간구하노라" 요삼 1:2.

메시지 인간은 영혼과 마음과 육체로 이루어져 있기 때문에 모든 영역에서 건강해야 온전한 사람이 될 수 있습니다. 그중에서도 먼저 하나님과의 관계를 통해 영혼이 잘 되어야 합니다. 건강한 영혼에 건강한 정신이 깃들고, 건강한 정신에 건강한 육체가 이루어집니다. 그러므로 영혼이 잘 되게 해달라고 기도하고, 그 영혼처럼 마음과 육체도 잘 되게 해달라고 기도해야 합니다. 먼저 영혼이 잘 되어야 합니다. 그리고 '웰빙'과 '힐링'은 오직 하나님과의 바른 관계에서 비롯됩니다. 인간의 영 혼 육은 서로 유기적으로 연관이 되어 있기 때문에 모두가 잘 되어야 하고, 모두가 건강해야 합니다. 그리고 인간은 주변 환경에도 영향을 받기 때문에 인간관계와 자연환경, 그리고 물질관계에서도 형통해야 전인적으로 건강할 수 있습니다. 그래서 영 혼 육 범사가 잘 되기를 기도합니다.

기도 신기하고 아름답게 사람을 만드신 하나님,

우리 아이가 보시기에 아름답게 만드신 하나님의 형상을 회복하여 밝고 아름답고 건강하게 자라게 하소서. 아이에게 생명력과 면역력이 넘쳐서 질병을 모르게 하소서. 음식도 골고루 잘 먹어 영양이 균형 있게 유지되게 하시고, 운동도 적절하게 잘 해서 성장과 발육이 제때에 잘 되게 하소서. 아이의 내면에 자신감이 넘치게 하시고, 긍정적인 자화상이 밝은 표정으로 나타나게 하소서.

아이에게 노출된 모든 환경에서 안전하게 지켜 주시고, 좋은 사람들을 만나 선한 영향을 받으며 자라게 하소서. 어디를 가든지 하나님께서 함께 하셔서 사람들에게 환영받고 칭찬받는 아이로 자라게 하소서. 하나님과의 관계에서의 강한 영력 위에 심력과 실력, 체력을 겸비하게 하소서. 그래서 하나님이 쓰시고자 하는 일에 합당하게 잘 준비된 재목이 되게 하소서.

"그것은 얻는 자에게 생명이 되며 그의 온 육체의 건강이 됨이니라"
잠 4:22.

아름다움 내면의 아름다움이 밖으로 드러나게 하소서

"누가 지혜자와 같으며 누가 사물의 이치를 아는 자이냐 사람의 지혜는 그의 얼굴에 광채가 나게 하나니 그의 얼굴의 사나운 것이 변하느니라" 전 8:1.

아름답고 귀한 자녀를 주신 하나님,
우리 아이가 키가 자랄수록 믿음과 지혜를 더하여 주셔서 내면의 아름다움이 외적인 아름다움으로 드러나게 하소서. 아이가 총명으로 얼굴에 광채가 빛나게 하시고, 사랑스런 마음으로 온화한 인상을 갖게 하소서. 아이에게 주신 독특한 재능을 잘 개발함으로 나름의 향기와 개성을 지닌 멋있는 사람이 되게 하소서. 항상 긍정적인 자화상을 가지며, 매사에 자신감을 지니고, 매일 명랑하고 즐겁게 살게 하소서. "너는 나의 사랑받는 자녀요 내가 기뻐하는 자다"라는 하나님의 음성을 들으면서 자신을 소중하게 여기며 살게 하소서. 내면세계를 아름답게 가꾸는데 더 많은 관심을 기울이게 하시고, 내면이 향기로운 사람이 되게 하소서. 시간이 지날수록 그 깊은 아름다움이 멋진 외모를 드러내게 하소서. 이렇게 사랑스럽고 아름다운 아이를 주신 것 감사드립니다.

"그의 가지는 퍼지며 그의 아름다움은 감람나무와 같고 그의 향기는 레바논 백향목 같으리니" 호 14:6.

체력 건강한 육체를 주소서

"이러므로 나의 마음이 기쁘고 나의 영도 즐거워하며 내 육체도 안전히 살리니" 시 16:9.

날마다 저희를 강건하게 하시는 하나님,
저희가 피곤하고 아팠다가도 하나님께서 회복력과 치유력을 더하셔서 다시 강건하게 됨을 믿습니다. 이렇게 하나님의 성령을 모실 수 있는 건강한 육체를 주신 것 감사합니다. 영혼의 그릇인 육체가 강건하여 질병이 틈타지 못하게 지켜 주시고, 세상의 사고와 어려움으로부터도 눈동자와 같이 보호하여 주소서. 연령에 따라 신체가 골고루 잘 발달되고 발육하게 하시고, 적절하게 운동을 하여 건강을 잘 유지하게 하소서. 하나님께서 늘 새 힘을 공급하여 주셔서 말이나 행동에 활기가 넘치게 하시고, 사명을 능히 감당할 수 있는 강인한 체력을 주소서. 튼튼한 뼈와 아름다운 피부, 잘 발달된 근육과 원활한 혈액순환, 제 역할을 잘하는 장기와 건강한 신경조직 모두가 강건한 몸을 이루게 하소서. 거기에 강한 생명력과 면역력과 회복력을 더하여 주소서. 주님의 은혜로 강건하게 하소서.

"이르되 큰 은총을 받은 사람이여 두려워하지 말라 평안하라 강건하라 강건하라 그가 이같이 내게 말하매 내가 곧 힘이 나서 이르되 내 주께서 나를 강건하게 하셨사오니 말씀하옵소서" 단 10:19.

영양 육체에 필요한 영양이 골고루 공급되게 하소서

"누구든지 언제나 자기 육체를 미워하지 않고 오직 양육하여 보호하기를 그리스도께서 교회에게 함과 같이 하나니" 엡 5:29.

육체에 필요한 영양을 공급하시는 하나님,
생명의 원천이신 하나님께서 우리의 모든 필요한 것을 공급하여 주시는 것을 믿습니다. 우리 몸에 알맞는 영양을 자연과 음식을 통해 주시는 것도 믿습니다. 우리 아이가 이렇게 공급하여 주시는 하나님의 사랑으로 충분한 영양을 섭취할 수 있게 하소서. 적당한 영양 섭취로 건강을 잘 유지하고 성장하는데 부족함이 없게 하셔서 신앙생활과 공부를 건강한 상태에서 감당하게 하소서. 아이도 어떤 음식이든지 가리지 않고 규칙적으로 골고루 잘 먹고, 너무 과식하거나 음식을 거부하는 일이 없게 하소서. 건강에 필요한 영양제도 잘 섭취하고, 건강에 도움이 되지 않는 패스트푸드, 콜라나 단것들은 피하게 하소서. 더구나 건강에 해로운 것은 '아니다'라고 거부하게 하소서. 몸을 해치는 술이나 담배나 마약은 손을 대지 않게 하소서. 적절하게 야외활동도 잘하게 하시고 규칙적으로 운동하는 것을 좋아하게 하소서.

"왕은 귀족들의 아들이요 대신들은 취하지 아니하고 기력을 보하려고 정한 때에 먹는 나라여 네게 복이 있도다" 전 10:17.

성장 신체가 건강하게 발육되게 하소서

"의인은 종려나무같이 번성하며 레바논의 백향목같이 성장하리로다" 시 92:12.

우리를 키우시는 하나님,
우리 아이의 몸과 마음이 나날이 성장하며 아름다워지게 하소서. 신체가 건강하게 잘 발육되어 키가 무럭무럭 자라고, 근육이 골고루 잘 발달하며, 뼈마디가 튼튼해지며, 장기도 잘 형성되게 하시고, 피부에도 윤기가 흐르게 하소서. 우리 아이가 귀한 종려나무같이 번성하고 아름다운 백향목같이 성장하게 하소서. 아이에게 걷고 뛰고 달려도 피곤치 않는 체력을 주시고, 공부와 일 모두를 감당할 수 있는 능력을 주소서. 두뇌도 적절하게 잘 개발이 되어 총명하게 하시고, 바른 판단과 올바른 사고를 할 수 있게 하소서. 아이의 성장 과정을 하나님이 주관하여 주셔서 발달 시기에 적절하게 몸과 마음이 균형 있게 성장하게 하소서. 잠재되어 있던 능력도 잘 개발하여 하나님의 영광을 위하여 잘 구비하게 하소서. 하나님이 보시기에 좋았던 사람의 모습으로 자라게 하소서.

"오직 사랑 안에서 참된 것을 하여 범사에 그에게까지 자랄지라 그는 머리니 곧 그리스도라" 엡 4:15.

성숙 나날이 성숙해지게 하소서

"이 모든 일에 전심전력하여 너의 성숙함을 모든 사람에게 나타나게 하라"딤전 4:15.

내면의 성숙을 원하시는 하나님,
우리 아이가 외적으로 자랄 뿐 아니라 내면이 충실한 사람이 되게 하소서. 마음의 중심에 하나님을 모시고 내면을 아름답게 가꾸게 하소서. 예수님의 완전하심처럼 성령님의 도우심으로 완전한 자가 되게 하소서. 내면에 영적 질서가 바로 세워져서 목적이 이끄는 삶을 살게 하소서. 세례 요한처럼 부름 받은 삶을 살되 내면에서부터 외면으로 인생을 경영하게 하소서. 먼저 속사람을 강건하게 하고 내적으로 성숙한 사람이 되게 하소서. 그리고 아이의 내면세계가 성숙해지는 것을 사람들이 알게 하셔서, 아이의 선한 영향력이 점점 확장되게 하소서. 넓은 마음과 원대한 비전으로 자신뿐 아니라 남들을 돌아보고, 그들을 포용하고 배려하는 성숙한 인격을 지니게 하소서. 몸처럼 마음도 강하고 담대하게 하셔서 큰일을 이룰 수 있는 심력을 지니게 하소서.

"우리가 그를 전파하여 각 사람을 권하고 모든 지혜로 각 사람을 가르침은 각 사람을 그리스도 안에서 완전한 자로 세우려 함이니"골 1:28.

[감성] 마음이 강건하게 하소서

"형통한 날에는 기뻐하고 곤고한 날에는 뒤돌아보아라 이 두 가지를 하나님이 병행하게 하사 사람이 그의 장래 일을 능히 헤아려 알지 못하게 하셨느니라" 전 7:14.

우리의 마음을 주관하시는 하나님,
우리 아이가 건강한 감성을 지니게 하소서. 아이가 하나님의 마음을 품어 기뻐하는 자들과 함께 기뻐하고, 슬퍼하는 자들과 함께 슬퍼하게 하소서. 항상 기뻐하고 모든 일에 감사하고, 즐거울 때 찬양하고 힘들 때 기도하게 하소서. 하나님께 민감하게 반응할 수 있는 감동된 마음을 주소서. 하나님이 만드신 세계의 아름다움을 보고 느낄 수 있는 감성을 주시고, 그것을 표현할 수 있는 시적, 예술적 감성도 지니게 하소서. 하나님께서 아이의 마음과 생각을 지켜 주셔서, 마음에 상처를 입지 않게 하시고, 하나님이 주신 순수하고 풍부한 감성을 지니고 자라게 하소서. 어려운 사람들을 보면 긍휼히 여기는 마음이 일어나고, 불의한 일을 보면 의로운 분노가 일게 하소서. 마음의 양식이 되는 사랑을 듬뿍 받고 자람으로, 믿음과 감사와 기쁨이 항상 풍부하여 정서적으로 건강한 아이가 되게 하소서.

"오직 너희의 심령이 새롭게 되어 하나님을 따라 의와 진리의 거룩함으로 지으심을 받은 새 사람을 입으라" 엡 4:23-24.

단정함 바른 생활을 하게 하소서

"낮에와 같이 단정히 행하고 방탕하거나 술취하지 말며 음란하거나 호색하지 말며 다투거나 시기하지 말고" 롬 13:13.

단정한 삶을 원하시는 하나님,
우리 아이가 복잡다단한 세상의 풍조에 휩쓸리지 않고, 간편하면서도 단순한 삶을 살게 하소서. 하나님 앞에 순전한 마음을 가지고 말씀에 순종하고, 순수한 마음을 온전히 하나님께 드리게 하소서. 분주한 일상을 하나님 앞에 내려놓고 참된 안식을 얻게 하소서. 사람들에게 인정을 받으려고 외적으로 모양을 드러내려는 신앙생활이 아니라, 하나님이 보시는 앞에서 마음의 정성을 다하는 신앙생활이 되게 하소서. 사람들과의 관계에 있어서도 진심어린 마음으로 대하게 하소서. 경건한 습관과 규칙적인 생활로 단정함이 몸에 배이게 하시고, 말과 행동이 분명하게 하소서. 어둠의 자식들처럼 방탕하게 살지 않고 하나님의 자녀로 빛 가운데 행동하게 하소서. 밖으로 치장을 하여 멋을 내려는 것보다, 단정한 행실을 통하여 그리스도의 향기를 나타내게 하소서. 크고 화려한 것보다 작고 단순한 것에서도 행복을 느끼게 하소서.

"또 이와 같이 여자들도 단정하게 옷을 입으며 소박함과 정절로써 자기를 단장하고 땋은 머리와 금이나 진주나 값진 옷으로 하지 말고" 딤전 2:9.

청결 몸과 마음의 청결을 유지하게 하소서

"너희는 스스로 깨끗하게 하여 거룩할지어다 나는 너희의 하나님 여호와이니라" 레 20:7.

마음과 몸의 청결함을 원하시는 하나님,
하나님의 거룩하심처럼 우리 아이도 거룩하게 하소서. 몸으로 하나님이 기뻐하시는 산 제사를 드리게 하소서. 하나님은 정결 규범을 통하여 하나님의 백성이 음식이나 생활에서 구별됨을 유지하여 건강하고 거룩한 생활을 하도록 가르치셨습니다. 우리 아이도 영혼뿐 아니라 몸과 마음도 청결하게 구별하여 주소서. 먼저 몸의 청결을 위하여 손발을 깨끗이 씻고, 칫솔질도 잘하고, 목욕도 규칙적으로 하게 하소서. 불량식품을 섭취하지 않게 하시고, 위생적인 생활로 질병이 침투하지 못하게 하소서. 단정한 옷차림으로 마음가짐도 바르게 하고, 생활 주변 정리도 잘 해서 정돈된 생활을 하게 하소서. 바른 마음으로 사람들을 대하고 청결한 마음으로 하나님을 향하게 하소서. 보는 것, 듣는 것, 노는 것, 그리고 말하는 것도 주의하여 마음이 더러워지지 않게 하소서. 더러운 죄가 많은 세상에서 우리 아이를 청결하게 보존하여 주소서.

"마음이 청결한 자는 복이 있나니 그들이 하나님을 볼 것임이요" 마 5:8.

면역력 질병의 감염을 막을 수 있는 강한 면역력을 주소서

"하나님은 나를 돕는 이시며 주께서는 내 생명을 붙들어 주시는 이시니이다" 시 54:4.

생명을 붙들어 주시는 하나님,
우리 아이의 생명이 주님의 손에 있사오니, 아이를 온갖 질병으로부터 막아 주소서. 하나님께서는 우리 몸에 면역력을 주셔서 질병을 예방하고 병이 발병하지 못하도록 지켜 주시는 것을 믿습니다. 아이의 몸에 면역력을 더하여 주셔서 세균과 바이러스에 강력하게 저항하여 이겨내고, 건강한 몸을 유지하게 하소서. 피곤하거나 몸이 약해지면 면역력이 약화되니, 생체의 리듬과 균형도 잘 유지하여 몸에 이상이 생기지 않게 하소서. 적당한 수면과 휴식, 그리고 운동과 영양으로 면역 시스템이 항상 정상적으로 작동하게 하시고, 건강을 해치는 외부나 내부의 요인들이 침투하지 못하게 돌보아 주소서. 아이를 하나님의 생명 싸개로 보호해주셔서 질병이나 전염병이나 사고와 환란으로부터 완벽하게 지켜 주소서.

"사람이 일어나서 내 주를 쫓아 내 주의 생명을 찾을지라도 내 주의 생명은 내 주의 하나님 여호와와 함께 생명 싸개 속에 싸였을 것이요 내 주의 원수들의 생명은 물매로 던지듯 여호와께서 그것을 던지시리이다" 삼상 25:29.

`생명력` 강인한 생명력을 주셔서 항상 건강하게 하소서

"진실로 생명의 원천이 주께 있사오니 주의 빛 안에서 우리가 빛을 보리이다"시 35:9.

생명의 근원되시는 하나님,
우리의 죄악과 허물을 십자가에서 용서하시고, 우리로 주님의 새 생명을 얻어 다시 살아가게 하심을 감사드립니다. 주님이 오신 목적이 우리로 생명을 얻게 하고, 그 생명을 더 풍성히 얻게 하려 하심이라고 말씀하셨으니, 우리 아이가 주님이 주시는 풍성한 생명을 이 땅에서부터 누리며 살게 하소서. 주님이 주시는 생명으로 건강하게 잘 성장하게 하시고, 질병이나 바이러스 같은 환경적인 유해 요소로부터도 지켜 주소서. 하나님이 주시는 왕성한 생명력으로 모든 사명을 잘 감당하게 하소서. 아이에게 양질의 생명을 누리게 하셔서 아파서 눕거나 시간과 물질을 낭비하지 않게 하소서. 하나님이 주신 새 생명이 하나님의 뜻을 준행하고, 자신의 세계를 확장시키며, 많은 사람들에게 도움을 주는 복된 생명이 되게 하소서. 아이를 통하여 주님의 생명의 역사가 온 땅으로 퍼져 나가게 하소서. 생명이 또 다른 생명을 낳는 역사를 이루게 하소서.

"여호와는 나의 빛이요 나의 구원이시니 내가 누구를 두려워하리요 여호와는 내 생명의 능력이시니 내가 누구를 무서워하리요"시 27:1.

장수 평화로우면서 건강하게 일생을 보내게 하소서

"그가 생명을 구하매 주께서 그에게 주셨으니 곧 영원한 장수로소이다" 시 21:4.

우리에게 영원한 생명을 주신 하나님,
우리 아이가 이 세상에서도 하나님의 자녀로 하나님이 주신 사명을 완수할 수 있는 충분한 세월을 누리게 하소서. 인간의 범죄로 말미암아 죽음이 들어왔고, 여러 가지 경우로 하나님이 허락하신 연수를 다하지 못하는 사람도 있습니다. 우리 아이는 말씀대로 순종하면서 하나님이 보내신 일을 감당하며 일생을 평화롭게 살게 하소서. 모세처럼 사명을 다하는 날까지 기력이 쇠하지 아니하는 건강과 평안한 장수를 허락하소서. 단순히 오래 사는 것이 아니라 건강하면서도 보람 있는 삶을 살게 하소서. 하나님 말씀을 지키고, 부모를 공경하는 자에게 장수의 복을 주시며 평강을 더하신다고 하셨으니, 우리 아이가 이러한 복을 받게 하소서. 우리 아이가 자라면서 주님께서 주시는 건강한 몸과 마음으로 사명을 잘 감당하며 평안한 중에 믿음의 자손의 자손을 보게 하소서. 아이의 일생이 하나님께 드려지는 온전한 산 제물이 되게 하소서.

"그리하면 그것이 네가 장수하여 많은 해를 누리게 하며 평강을 더하게 하리라" 잠 3:2.

평강 마음의 평안을 누리게 하소서

"주께서 심지가 견고한 자를 평강하고 평강하도록 지키시리니 이는 그가 주를 신뢰함이니이다" 사 26:3.

세상이 줄 수 없는 평안을 주시는 하나님,
우리 아이가 주를 신뢰함으로 누리는 평안을 얻게 하소서. 폭풍처럼 밀려오는 세상의 혼란 속에서도 하나님을 아는 지혜로 주님의 평강에 거하게 하소서. 세상의 물질은 편리함을 주지만 평안은 줄 수가 없습니다. 세상이 알 수도 없고 세상이 줄 수도 없는 주님의 평안을 주소서. 오직 주님 안에만 충만한 기쁨과 영원한 즐거움이 있습니다. 아이가 주님 안에 살면서 근심이 없게 하시고, 영혼과 마음과 육체가 평안하게 하소서. 세상의 도전 가운데도 용기를 잃지 않게 하시고, 담대히 나아가 승리를 얻게 하소서. 세상의 어떤 것도 아이의 마음에서 평안을 빼앗지 못하도록 마음과 생각을 지켜 주소서. 하나님을 소망함으로 두려움 없이 모든 일을 감당하게 하소서. 아이가 마음의 평안을 누리며 가정의 화목과 세상의 평화를 만드는 평강의 사람이 되게 하소서.

"주께서 생명의 길을 내게 보이시리니 주의 앞에는 충만한 기쁨이 있고 주의 오른쪽에는 영원한 즐거움이 있나이다" 시 16:11.

12장

특별한 경우에 드리는 기도

생일•시험을 볼 때•신학기를 시작할 때•방학을 할 때•수련회를 떠날 때•대회 출전을 할 때•아플 때•슬플 때•낙심했을 때•우울할 때•과도하게 게임에 빠질 때•텔레비전 시청이 많을 때•주의가 산만할 때•틱이나 고쳐야 할 습관을 위해•따돌림을 당했을 때•거부당했을 때•진로를 찾기 위한 기도•수험생을 위한 기도•성탄절에 드리는 기도•부모를 위한 아이의 기도

"나는 마음이 온유하고 겸손하니 나의 멍에를 메고 내게 배우라 그리하면 너희 마음이 쉼을 얻으리니" 마태복음 11:29.

자녀와 함께 드리는 예배
때마다 일마다 도와주소서

찬송 565장(통 300장) 예수께로 가면

말씀봉독 "평강의 주께서 친히 때마다 일마다 너희에게 평강을 주시고 주께서 너희 모든 사람과 함께 하시기를 원하노라" 살후 3:16.

메시지 우리는 일생을 살면서 언제 무슨 일을 만날지 전혀 알지 못합니다. 그러나 인생을 만드시고 주관하시는 하나님은 모든 것을 아십니다. 언제 어디에서 무슨 일이 있을 때 전능자 하나님께 기도로 나아가면 우리는 승리를 얻게 될 것입니다. 우리는 아이의 일생이 하나님 앞에서 전개되도록 인도해야 합니다. 하나님께서 아이의 일생에 함께 해주셔서 때마다 일마다 도와주시고 능력주시기를 구해야 하겠습니다. 사소한 일부터 중요한 일까지 모두 하나님께 기도하여 하나님이 주시는 힘으로 해야 하겠습니다. 무슨 일을 할 때 기도로 계획하고, 기도로 시작하고, 기도로 진행하고, 기도로 마무리해야 하겠습니다. 기도 없이 무엇을 이루었다고 해도 진정한 성공이라 볼 수 없으며, 기도는 했지만 이룬 것이 없다고 할지라도 소용없는 일은 아닙니다. 우리가 보는 것만이 인생의 전부가 아니기 때문입니다. 여기 인생의 과정에서 만나는 여러 가지 상황에서 드릴 기도가 있습니다. 기도로 승리하시기 바랍니다. 기도하면 이미 승리한 것입니다.

기도 인간의 생사화복을 주관하시는 하나님, 우리 아이가 일생을 살아가는 동안 범사에 하나님의 도움으로 승리하며 하나님께 영광을 돌리기를 원합니다. 하나님의 은혜로 아이의 인생이 특별해지며, 우리가 바라고 기도한 것보다 더 놀라운 일들을 보기 원합니다. 기쁘고 즐거울 때 하나님께 감사하며 찬양하게 하시고, 슬프고 힘들 때 하나님의 말씀을 붙들고 기도하게 하소서. 광야 생활을 할 때는 부족함 가운데에도 함께 하시며 소망을 주시는 하나님을 의지하게 하시고, 가나안 생활을 할 때는 풍부함 가운데에도 자만하지 않고 하나님께 영광을 돌리게 하소서. 기도로 모든 일이 하나님의 일이 되게 하고, 때마다 일마다 예비하시고 공급하시는 하나님을 경험하게 하소서. 언제나 기도로 시작하고, 기도로 진행하고, 기도로 마무리하게 하소서. 기도로 예방하고, 기도로 예언하고, 기도로 리허설하게 하소서. 미리 기도로 쌓아둔 것들이 필요할 때 응답으로 나타나게 하시고, 기도로 승리하는 사람이 되게 하소서.

"여호와 앞에서 내가 간구한 이 말씀이 주야로 우리 하나님 여호와께 가까이 있게 하시옵고 또 주의 종의 일과 주의 백성 이스라엘의 일을 날마다 필요한 대로 돌아보사 이에 세상 만민에게 여호와께서만 하나님이시고 그 외에는 없는 줄을 알게 하시기를 원하노라" 왕상 8:59-60.

 생일

"너도 기뻐하고 즐거워할 것이요 많은 사람도 그의 태어남을 기뻐하리 니" 눅 1:14.

태초부터 우리 아이의 출생을 예정하신 하나님,
아이의 출생이 우리 가정에 주신 하나님의 커다란 축복임을 고백합니다. 이렇게 사랑스럽고 귀한 자녀를 우리에게 주심을 감사드립니다. 아이의 생일이 우리만이 아니라 세상의 많은 사람들이 기뻐하고 기념할 만한 날이 되게 하소서. 이 생일에 아이를 이 땅에 보내신 하나님의 섭리와 축복을 생각하게 하소서. 아이를 통해 하나님의 뜻을 이루며 하나님의 나라를 확장하는 귀한 사역을 감당하게 하소서. 이렇게 건강하고 아름다운 모습으로 매년 성장과 성숙을 거듭하는 우리 아이가 되게 하소서. 온 인류가 예수님의 탄생을 통하여 구원받고 복을 빈 것처럼, 우리 아이의 출생이 많은 사람들을 이롭게 하고, 하나님의 귀한 뜻을 이루는 계기가 되게 하소서. 아이가 건강하게 성장하며 더욱 지혜로워지며 하나님과 사람들에게 칭찬받는 사람이 되게 하소서.

"나를 모든 환난에서 건지신 여호와의 사자께서 이 아이들에게 복을 주시오며 이들로 내 이름과 내 조상 아브라함과 이삭의 이름으로 칭하게 하시오며 이들이 세상에서 번식되게 하시기를 원하나이다" 창 48:15-16.

시험을 볼 때

"시험을 참는 자는 복이 있나니 이는 시련을 견디어 낸 자가 주께서 자기를 사랑하는 자들에게 약속하신 생명의 면류관을 얻을 것이기 때문이라" 약 1:12.

인생의 시험을 주관하시는 하나님,
아이가 이번 시험을 준비하기 위해서 그동안 많은 수고를 했습니다. 아이가 시험을 잘 감당함으로 더욱 성장하고 성숙할 수 있게 하소서. 시험이 걸림돌이 아니라 디딤돌이 되어 아이를 더욱 세워주게 하소서. 우리 아이가 모든 것을 주님께 맡기고 차분하고 평안한 마음으로 시험을 치르게 하소서. 평소에 노력한 모든 것이 이번 시험을 통하여 나타날 수 있도록 기억력과 응용력과 분별력을 주소서. 시험도 인생의 한 과정임을 알고 성실하게 적극적으로 임하게 하소서. 아이에게 지혜와 지식을 더해주셔서, 이번 기회에 자신의 진보를 나타내게 하시고, 배운 것들이 자신 안에 통합되어 실력 있는 사람으로 세워지게 하소서. 이번 시험을 통해 자신이 원하는 수준에 이르게 하시고 당당하게 하나님이 주시는 복을 누리는 아이가 되게 하소서. 아이가 실수하지 않고 준비한 모든 것을 잘 나타내게 하소서.

"그러므로 너희가 이제 여러 가지 시험으로 말미암아 잠깐 근심하게 되지 않을 수 없으나 오히려 크게 기뻐하는도다" 벧전 1:6.

신학기를 시작할 때

"너희 안에서 착한 일을 시작하신 이가 그리스도 예수의 날까지 이루실 줄을 우리는 확신하노라" 빌 1:6.

처음과 마지막이 되신 하나님,
우리 아이가 하나님의 은혜로 새로운 학기를 시작하게 되었습니다. 시작부터 아이를 도와주셔서, 모든 학기 과정을 잘 수행하여 아름답게 마무리 할 수 있게 하소서. 시작할 때 새로운 결단과 각오를 하게 하시고, 성실한 마음과 긍정적인 자세로 모든 일을 대하게 하소서. 아이가 새로운 선생님, 새로운 친구들, 새로운 교육 과정, 새로운 환경 등에 잘 적응하게 하소서. 아이가 선생님을 존경하고 따르며, 선생님에게 사랑받고 인정을 받게 하소서. 친구들과 사이좋게 지내면서 좋은 영향력을 끼치게 하소서. 새로운 학과목에 잘 적응하며 앞서가게 하소서. **특별히** 긴강을 주셔서 모든 것을 감당하는데 어려움이 없게 하시고 환경과 여건도 좋게 만들어 주소서. 하나님의 도우심으로 이번 학기도 잘 마치고 아이에게 큰 진보가 있게 하소서.

"우리가 시작할 때에 확신한 것을 끝까지 견고히 잡고 있으면 그리스도와 함께 참여한 자가 되리라" 히 3:14.

방학을 할 때

"하나님이 그 일곱째 날을 복되게 하사 거룩하게 하셨으니 이는 하나님이 그 창조하시며 만드시던 모든 일을 마치시고 그 날에 안식하셨음이니라" 창 2:3.

우리에게 안식의 복을 주시는 하나님,
안식할 때 쉼을 주시고, 복을 주시고, 거룩하게 하신다고 하셨으니, 모든 것 하나님께 맡기고 안식함으로 하나님이 주시는 힘과 창조적인 지혜를 경험하게 하소서. 우리 아이가 한 학기를 잘 마치고 방학을 맞이하게 하심을 감사합니다. 방학을 맞아 한 학기 동안 수고하고 노력한 우리 아이의 마음과 육체가 진정한 쉼을 얻게 하소서. 학습 진도로 인해 받았던 스트레스에서 벗어나 스스로 학습할 수 있는 시간과 여유를 갖게 하소서. 방학 동안 뒤쳐진 과목과 그동안 미루어 놓았던 꼭 필요한 것들을 보충하는 시간이 되게 하소서. 그동안 하고 싶었던 것도 하고 가족과도 양질의 시간을 갖게 하소서. 개학할 때는 마음과 육체와 정신과 영혼이 더욱 생기 있고 풍성해져 충실한 새 학기가 되게 하소서.

"나는 마음이 온유하고 겸손하니 나의 멍에를 메고 내게 배우라 그리하면 너희 마음이 쉼을 얻으리니" 마 11:29.

수련회를 떠날 때

"수고하고 무거운 짐 진 자들아 다 내게로 오라 내가 너희를 쉬게 하리라" 마 11:28.

예수님 안에서 진정한 쉼을 주시는 하나님,
우리 아이가 이번 수련회를 통하여 영적, 심적, 육체적 쉼을 얻게 하소서. 잠시 일상에서 물러나 예수님과 함께 하는 시간을 통하여 새로운 힘을 얻게 하소서. 수련회가 연례적인 행사가 아니라, 하나님의 은혜와 성령님의 충만함을 받는 시간이 되며, 아이를 향한 하나님의 뜻과 소명을 깨닫는 시간이 되게 하소서. 하나님과의 친밀한 만남을 통해 하나님이 우리 아이를 이 세상에 보내신 뜻을 깨닫는 시간이 되게 하소서. 또한 친구들과도 마음을 나누는 교제의 시간이 되게 하소서. 아이가 잠시 가정을 떠나 영성 훈련에 집중하는 시간을 통해 한층 성장한 믿음의 사람이 되게 하소서. 부모인 우리는 아이들이 떠난 빈자리를 통해 그들의 존재를 더 소중히 여기는 시간이 되게 하소서. 수련회를 떠나고 진행하고 돌아오는 가운데 모든 아이의 안전을 지켜 주소서. 수고하시는 선생님들과 강사님들에게 복을 내려 주시고, 이번 수련회가 아이의 인생에 복된 추억거리가 되게 하소서.

"이르시되 너희는 따로 한적한 곳에 가서 잠깐 쉬어라 하시니 이는 오고 가는 사람이 많아 음식 먹을 겨를도 없음이라" 막 6:31.

대회 출전을 할 때

"운동장에서 달음질하는 자들이 다 달릴지라도 오직 상을 받는 사람은 한 사람인 줄을 너희가 알지 못하느냐 너희도 상을 받도록 이와 같이 달음질하라"고전 9:24.

인생의 경주를 주관하시는 하나님,
아이에게 좋은 기회를 주시고 크고 작은 대회를 통하여 아이의 재능과 능력을 극대화시켜 주심을 감사합니다. 아이가 이번 대회를 위해 성실하게 준비한 만큼 좋은 결과를 기대합니다. 아이가 노력 없이 거저 주어지는 요행을 기대하지 않게 하시고, 결과보다는 과정에 충실하게 하소서. 대회에 임할 때 두려움 없이 담대하게 하시고, 그동안 열심히 갈고 닦은 실력을 유감없이 발휘하게 하소서. 이 대회를 통해 하나님의 이름을 높이게 하시고, 아이에게는 한 단계 올라서는 발전의 계기가 되게 하소서. 대회의 결과는 하나님께 맡기고 자신의 최선을 다하게 하소서. 남들과 경쟁하기보다는 자신에게 주어진 재능을 최대한으로 드러내는 데에 역점을 두게 하소서. 최상의 컨디션을 주셔서 최선의 결과를 얻게 하소서. 그동안의 수고가 결코 헛되지 않게 하소서.

"그러므로 내 사랑하는 형제들아 견실하며 흔들리지 말고 항상 주의 일에 더욱 힘쓰는 자들이 되라 이는 너희 수고가 주 안에서 헛되지 않은 줄 앎이라"고전 15:58.

 아플 때

"내 이름을 경외하는 너희에게는 공의로운 해가 떠올라서 치료하는 광선을 비추리니 너희가 나가서 외양간에서 나온 송아지 같이 뛰리라" 말 4:2.

'여호와 라파' 치유하시는 하나님,
하나님은 모든 병을 치유하시는 것을 믿습니다. 우리 아이를 만드신 분이 하나님이시기에 우리 아이를 사랑하시며, 아이의 아픔도 가장 잘 아실 줄 압니다. 이 시간 아이의 아픈 부위에 손을 얹고 기도하오니, 예수님의 피 묻은 손으로 깨끗이 씻어서 낫게 하여 주소서. 예수님께서 십자가에서 우리의 모든 질병을 담당해주셨으니, 십자가의 은혜로 아이의 질병을 지금 치료하여 주소서. 아픔의 고통이 너무 크기에 우리 아이가 너무 힘들어합니다. 아이를 긍휼히 여기셔서 온전히 치유하여 주소서. 아이가 몸이 아플 때, 우리를 위해 십자가의 고통을 당하신 예수님을 생각하며, 주님과 더욱 가까워지는 시간이 되게 하소서. 치유하는 광선을 발하셔서 머리부터 발끝까지 온전하게 치유하여 주소서. 주님을 위해 살겠으니 치료하여 주소서.

"그러므로 너희 죄를 서로 고백하며 병이 낫기를 위하여 서로 기도하라 의인의 간구는 역사하는 힘이 큼이니라" 약 5:16.

 슬플 때

"주께서 나의 슬픔이 변하여 내게 춤이 되게 하시며 나의 베옷을 벗기고 기쁨으로 띠 띠우셨나이다"시 30:11.

슬픔이 변하여 춤이 되게 하시는 하나님,
우리 아이가 지금 마음이 슬프니, 아이의 마음을 어루만져 주소서. 무엇 때문에, 그리고 누구 때문에 이렇게 마음이 아픈지 하나님은 아시니, 슬픔에 처한 우리 아이의 상황과 환경을 주님이 좋게 바꾸어 주소서. 그래서 이 일로 인해 더 이상 슬퍼하지 않게 하소서. 하지만 이미 지나서 어떻게 바꿀 수 없는 일이라면, 슬퍼하는 아이의 마음을 성령님이 위로하여 주소서. 아이에게 슬픔을 이길 수 있는 믿음과 새 힘을 주소서. 아이가 그 슬퍼하는 감정에 오랫동안 머무르지 않게 하소서. 주님께서 격려하여 주시고 영혼에 햇빛을 비추어 주셔서 마음이 밝아지게 하소서. 하나님이 도와주시면 슬픔이 변하여 기쁨이 된다는 약속의 말씀을 우리 아이가 붙들고 나아가게 하소서. 세상은 때로는 불공평하고, 이유를 알 수 없는 고통이 있으나, 하나님은 선하시며 반드시 승리하신다는 것을 믿게 하소서. 아이가 소망 가운데 오늘의 슬픔을 이기게 하소서.

"그들이 눈물 골짜기로 지나갈 때에 그 곳에 많은 샘이 있을 것이며 이른 비가 복을 채워 주나이다"시 84:6.

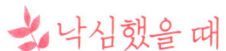 낙심했을 때

"여호와의 말씀이니라 너희를 향한 나의 생각을 내가 아나니 평안이요 재앙이 아니니라 너희에게 미래와 희망을 주는 것이니라" 렘 29:11.

우리에게 미래의 소망을 주시는 하나님,
우리 아이가 어려운 상황 때문에 지금 너무 힘들어 합니다. 열심히 수고하고 최선을 다했는데, 합당한 결과를 얻지 못해 마음에 실망이 듭니다. 그러나 이 상황에서 두려워하거나 낙심하지 말게 하소서. 앞으로의 많은 시간과 기회를 생각하면, 지금의 어려움은 오히려 앞으로 잘할 수 있는 밑거름이 될 줄로 믿습니다. 우리 아이에게 이 순간을 잘 풀어나갈 수 있는 지혜와 용기를 주소서. 하나님께서 아이의 아름다운 미래와 평안을 계획하고 계심을 믿습니다. 하나님의 약속을 믿고 담대한 마음을 가지게 하소서. 우리 아이가 자신이 얼마나 소중한 존재이니, 얼마나 사랑받는 존재인지를 기억하고 나아가게 하소서. 위로하시는 하나님께서 아이에게 힘을 공급하여 주셔서, 어려울 때 오히려 믿음을 가지고 하나님을 찬양하게 하소서. 그리하여 모든 어려움을 이기고 하나님께 영광 돌리게 하소서.

"그에게 이르기를 너는 삼가며 조용하라 르신과 아람과 르말리야의 아들이 심히 노할지라도 이들은 연기 나는 두 부지깽이 그루터기에 불과하니 두려워하지 말며 낙심하지 말라" 사 7:4.

특별한 경우에 드리는 기도

 우울할 때

"내 영혼아 네가 어찌하여 낙심하며 어찌하여 내 속에서 불안해 하는가 너는 하나님께 소망을 두라 그가 나타나 도우심으로 말미암아 내 하나님을 여전히 찬송하리로다"시 43:5.

우리의 소망이신 하나님,
우리에게 항상 기뻐하며 찬송하라고 하셨는데, 우리 아이가 우울한 기분에 빠졌습니다. 그 우울함이 어디서 왔는지 잘 모르겠습니다. 그러나 우리 아이가 그 우울한 감정을 부모와 하나님께 아뢸 수 있는 마음과 용기를 주소서. 아이를 누구보다 잘 아시는 하나님께서 아이를 상담해주소서. 우울한 마음을 오래 갖는 것은 하나님이 원하지 않으시니, 어서 속히 아이가 밝고 명랑한 마음을 갖게 하소서. 아이가 다른 것 바라보지 않고, 오직 도우시는 하나님께 소망을 두게 하소서. 세상의 소리나 부정적인 자아의 음성에 귀 기울지 않게 하시고, 오히려 믿음으로 담대하게 스스로에게 말하게 하소서. "하나님이 나와 함께 계시고 나를 도와주신다. 나는 두려울 것이 없다"라고 말하게 하소서. 이제 목소리를 높여 기뻐하며 하나님을 찬송하게 하소서.

"여호와는 나의 힘과 나의 방패이시니 내 마음이 그를 의지하여 도움을 얻었도다 그러므로 내 마음이 크게 기뻐하며 내 노래로 그를 찬송하리로다"시 28:7.

과도하게 게임에 빠질 때

"아이의 마음에는 미련한 것이 얽혔으나 징계하는 채찍이 이를 멀리 쫓아내리라" 잠 22:15.

참 자유를 주시는 하나님,
우리 아이가 게임에 얽매이지 않게 하소서. 우리 아이가 컴퓨터, 인터넷, 전자, 스마트폰 게임에 노출되는 시간을 스스로 자제할 수 있는 힘을 주소서. 특히 하나님의 자녀로서 정체성을 잃지 않게 하시고, 폭력적이고 자극적인 게임은 하지 않도록 분별력과 강한 의지를 주소서. 자기 마음을 다스리는 자는 전쟁에서 승리를 얻는 것보다 훌륭하다고 하셨으니, 우리 아이에게 자신의 마음을 잘 다스릴 수 있는 능력과 지혜를 주소서. 가상의 현실과 실재를 잘 분간할 수 있게 하시고, 건전한 놀이와 운동, 그리고 뇌를 긍정적으로 발달시킬 수 있는 게임을 통해 새로운 활력소를 얻게 하소서. 주야로 하나님의 말씀을 묵상하고, 책을 읽는 것을 게임보다 더 좋아하게 하소서. 또래 친구들과 재미있게 공동체 놀이를 하고, 자연과 더불어 호흡하면서 몸과 마음이 진정한 쉼을 얻게 하소서. 가족과 함께 대화하고 즐거운 시간을 보내는 것을 좋아하게 하소서.

"자기의 마음을 제어하지 아니하는 자는 성읍이 무너지고 성벽이 없는 것과 같으니라" 잠 25:28.

텔레비전 시청이 많을 때

"내 아들아 네 마음을 내게 주며 네 눈으로 내 길을 즐거워할지어다" 잠 23:26.

비전을 품고 살기를 원하시는 하나님,
우리 아이가 텔레비전 시청하는 것보다, 하나님이 보여 주시는 커다란 비전을 보게 하소서. 연예인들의 이름과 취향과 생일을 기억하는 것을 좋아하기보다, 위대한 성경의 인물과 행적을 기억하며 진리를 배우는 것을 좋아하게 하소서. 텔레비전에서 연예인들이 노는 것을 보고 웃고 즐기는 소극적인 것보다, 스스로 운동도 하고 놀이도 직접 하면서 웃고 즐기는 주도적인 생활을 하게 하소서. 아이의 인생에 남이 아니라, 자기 자신이 주인공이 되어 아름답고 복된 삶을 살게 하소서. 텔레비전뿐 아니라 매스미디어를 적절하게 자신의 유익을 위해 잘 활용할 수 있는 지혜를 주소서. 가족과 함께 시간과 프로그램을 정해놓고 텔레비전을 시청하고, 드라마와 예능을 통해 바른 삶의 자세를 배우게 하소서. 뉴스와 시사 프로그램을 통해 교양을 넓히고, 사회에 대해 서로의 의견을 나누고, 좋은 것들은 분별하여 배우게 하소서.

"나는 내 마음에 이르기를 자, 내가 시험 삼아 너를 즐겁게 하리니 너는 낙을 누리라 하였으나 보라 이것도 헛되도다" 전 2:1.

주의가 산만할 때

"가시떨기에 뿌려졌다는 것은 말씀을 들으나 세상의 염려와 재물의 유혹에 말씀이 막혀 결실하지 못하는 자요" 마 13:22.

마음을 지켜 주시는 하나님,
우리 아이가 마음이 산만하여 해야 할 일도 제대로 못하는 일이 없게 하소서. 공부를 할 때 집중력을 발휘하지 못하고 시간을 낭비하지 않게 하소서. 수업을 들을 때나 책을 읽을 때도 주의를 집중하여 짧은 시간에 큰 효과를 얻게 하소서. 다른 사람과 대화할 때도 눈을 마주치지 못하고 회피하거나, 그의 말을 제대로 알아듣지 못하는 경우가 없게 하소서. 아이의 마음을 빼앗아 가는 것이 무엇인지 스스로 잘 살피고 마음과 생각을 지키게 하소서. 마음을 산란하게 하는 것들을 하나씩 찾아내어 하나님께 맡김으로 마음의 안정감을 얻게 하소서. 우리 아이가 하나님만을 주인으로 모시고 모든 것에 정돈된 생활을 하게 하소서.

"오직 너는 스스로 삼가며 네 마음을 힘써 지키라 그리하여 네가 눈으로 본 그 일을 잊어버리지 말라 네가 생존하는 날 동안에 그 일들이 네 마음에서 떠나지 않도록 조심하라 너는 그 일들을 네 아들들과 네 손자들에게 알게 하라" 신 4:9.

틱이나 고쳐야 할 습관을 위해

"마침 그 때에 예수께서 질병과 고통과 및 악귀 들린 자를 많이 고치시며 또 많은 맹인을 보게 하신지라" 눅 7:21.

우리를 고치시는 하나님,
우리 아이가 언제부터인가 자기도 모르는 사이에 습관적으로 특이한 행동을 하는 버릇이 생겼습니다. 이런 틱 때문에 자존감이 낮아지지 않도록 도와주소서. 틱 때문에 왕따가 되지 않게 보호하시며, 틱이 고착되지 않도록 하나님의 치유하시는 손길로 고쳐 주소서. 치료하는 과정에도 인내심과 자신감을 갖게 하소서. 이것이 아이의 성장기에 거쳐 가는 하나의 과정이 되게 하시고, 이러한 시간에 온 가족이 서로 이해하고 격려하며 기도해주는 사랑을 경험하게 하소서. 불안해하거나 서로를 탓하지 않게 하시고 마음의 확신과 평안을 주셔서 순식간에 틱이 사라지게 하소서. 예수님의 이름으로 아이를 괴롭히는 틱은 사라질지어다! 어떤 습관이나 장애로 고통 받는 사람들을 불쌍히 여기시고 고쳐 주신 예수님이, 우리 아이를 직접 만지셔서 회복시켜 주소서. 틱이 치유되는 것을 통하여 하나님이 역사하심을 보게 하소서.

"주는 나를 용서하사 내가 떠나 없어지기 전에 나의 건강을 회복시키소서" 시 39:13.

따돌림을 당했을 때

"내가 여호와를 항상 내 앞에 모심이여 그가 나의 오른쪽에 계시므로 내가 흔들리지 아니하리로다" 시 16:8.

우리의 가장 좋은 친구 되신 하나님,
우리 아이가 학교에서 친구들에게 따돌림을 당했을지라도, 하나님은 항상 곁에 계심을 믿습니다. 누가 뭐라고 해도 하나님은 우리 아이를 사랑하시며, 우리 아이를 기뻐하신다는 사실을 잊지 않게 하소서. 아이가 겪고 있는 어려움을 부모와 선생님에게 소상하게 털어놓고 이야기 할 수 있는 용기를 주소서. 자신의 느낌을 솔직하게 말하고, 도움을 청할 수 있는 아이로 자라게 하소서. 행여 이런 상황을 자신의 잘못으로 돌리거나, 죄책감과 외로움에 시달리지 않게 하소서. 또한 자신의 어려움을 말함으로 아이들에게 따돌림을 받을 것이란 걱정도 하지 않게 하소서. 다윗도 사울과 신하들로부터 따돌림을 당했을 때, 요나단이 다윗을 아끼고 함께 해준 것처럼, 우리 아이에게도 평생토록 우정을 나누며 신뢰할 수 있는 친구를 주소서. 하나님이 아이의 마음을 위로하여 주시고, 예수님이 좋은 친구가 되어 주소서.

"너는 말 못하는 자와 모든 고독한 자의 송사를 위하여 입을 열지니라"
잠 31:8.

특별한 경우에 드리는 기도

🌸 거부당했을 때

"아브라함과 이삭과 야곱의 하나님 곧 우리 조상의 하나님이 그의 종 예수를 영화롭게 하셨느니라 너희가 그를 넘겨주고 빌라도가 놓아 주기로 결의한 것을 너희가 그 앞에서 거부하였으니" 행 3:13.

예수님이 거부당하는 것을 겪으신 하나님,
누구보다 하나님은 우리 아이가 거부당한 아픔을 잘 알고 계시는 줄 믿습니다. 아이가 예수님도 세상에서는 사람들에게 거부당하셨음을 기억하고, 의로운 일을 위해 거부당한 것을 기뻐하게 하소서. 어떤 사람들은 잘못 생각하고 판단하여 구원하시기 위해 오신 예수님을 거부하고 하나님의 나라도 받아들이지 않았습니다. 친구들에게 전도했다가 거부당하고, 친구를 괴롭히지 말자고 해서 거부당하고, 남의 물건을 훔치는 일 안 한다고 거부당하는 것은 오히려 하나님이 기뻐하시는 것임을 알게 하소서. 사람들에게 인기를 얻으려고, 친구들에게 거부당하는 것이 두려워, 하나님이 기뻐하지 않으시는 일을 하지 않게 하소서. 사람들은 거부해도 하나님은 용납하신다는 것을 알게 하소서.

"그는 멸시를 받아 사람들에게 버림받았으며 간고를 많이 겪었으며 질고를 아는 자라 마치 사람들이 그에게서 얼굴을 가리는 것같이 멸시를 당하였고 우리도 그를 귀히 여기지 아니하였도다" 사 53:3.

진로를 찾기 위한 기도

"너희 마음의 눈을 밝히사 그의 부르심의 소망이 무엇이며 성도 안에서 그 기업의 영광의 풍성함이 무엇이며" 엡 1:18.

하나님의 목적을 위해 각 사람을 부르신 하나님,
우리 아이가 하나님이 자신을 세상에 부르신 목적을 알게 하소서. 하나님이 하나님의 뜻을 이 땅에 이루기 위하여, 아이에게 주신 소중한 달란트를 어릴 때부터 찾게 하소서. 다양한 경험과 폭넓은 체험활동을 통하여 자신에게 주어진 재능을 발굴하고 부지런히 발전시키게 하소서. 자신이 좋아하는 일이 무엇인지, 자신이 잘할 수 있는 일이 무엇인지, 자신이 나아갈 길이 어디인지를 잘 찾게 하소서. 하나님께서 기쁘게 사용하실 아이의 멋진 미래를 위해 지금부터 열정적으로 준비하게 하소서. 하나님께서 아이에게 말씀과 지혜로 하나님의 뜻을 알게 하시고, 하나님의 때에 하나님의 방법으로 그 길을 열어 가도록 도와주소서. 진로를 열어 가는 과정 속에서 좋은 선생님과 친구를 만나게 하시고, 하나님께서 인도하시는 것을 체험하게 하소서.

"하나님이 우리를 구원하사 거룩하신 소명으로 부르심은 우리의 행위대로 하심이 아니요 오직 자기의 뜻과 영원 전부터 그리스도 예수 안에서 우리에게 주신 은혜대로 하심이라" 딤후 1:9.

수험생을 위한 기도

"내가 산을 향하여 눈을 들리라 나의 도움이 어디서 올까 나의 도움은 천지를 지으신 여호와에게서로다" 시 121:1-2.

수험생을 둔 부모의 기도

하나님이 주신 귀한 선물, 저희 아이가 벌써 자라서 이제 대학을 진학하는 때가 되었습니다. 그동안 아이를 건강하게 지켜 주시고, 믿음 안에서 아름답게 자라게 해주신 것 감사드립니다. 아이가 자신이 원하는 학교에 진학하기 위하여 밤낮으로 애쓰는데, 부모로서 보기가 안쓰럽지만 하나님께 기도드리는 것이 최선의 도움으로 알아 간절한 마음으로 구합니다. 아이에게 지혜와 명철을 주시고, 집중력과 기억력과 응용력과 상상력과 창의력을 주셔서 문제를 잘 이해하고 바른 답을 찾을 수 있도록 도와주소서. 시험 시간에 아이에게 담대한 마음을 주시고, 공부한 모든 것이 생각나게 하시고, 모든 지각에 뛰어난 하나님의 도움을 받게 하소서. 시험기간 내내 건강을 지켜 주시고 최상의 컨디션에서 최고의 실력을 나타내어 평소에 아이가 바라고, 하나님이 원하시는 대학에 들어갈 수 있도록 길을 열어 주소서. 하나님께 존귀하게 쓰임을 받고 사람들에게도 많은 사랑을 베푸는 하나님의 사람으로 살게 하소서.

수험생의 기도

은혜로우신 하나님, 제가 지금까지 하나님의 사랑 안에서 부모님의 기도를 먹으며 자랄 수 있도록 해주신 것 감사드립니다. 하나님께 존귀하게 쓰임을 받고 하나님을 기쁘시게 하는 사람이 되기를 원합니다. 하나님의 영광을 나타낼 수 있도록 이번 입시에서 저를 도와주소서. 마지막까지 최선을 다하게 하시고, 입시에 임할 때 마음의 평강과 확신을 주소서. 솔로몬에게 주셨던 지혜와 다니엘에게 주셨던 총명함과 여호수아에게 주셨던 담대함을 가지고 나아가게 도와주소서. 시험 준비 기간에 건강을 주시고, 공부하는 시간에 주님의 손길을 느끼며 공부하게 하소서. 중요한 것과 알아야 할 것들을 깨닫게 하시고, 주님의 지도를 받게 하소서. 시험을 볼 때 공부한 모든 것이 생각나게 하시고, 문제를 잘 이해하고, 요구하는 정답을 잘 찾아낼 수 있도록 분별력을 주소서. 선한 목자 되신 주님, 언제나 저와 동행해 주시고, 주님의 인도 안에서 모든 과정을 성공적으로 잘 마치게 하소서. 이번 입시를 통해서 믿음과 삶이 더욱 성숙해지는 은혜의 시간이 되게 하소서. 하나님이 원하시는 대학에 들어가 하나님의 뜻을 세상에 펼치는 귀한 삶을 살게 하소서.

"강하고 담대하라 두려워하지 말며 놀라지 말라 네가 어디로 가든지 네 하나님 여호와가 너와 함께 하느니라" 수 1:9.

🌸 성탄절에 드리는 기도

"보라 처녀가 잉태하여 아들을 낳을 것이요 그의 이름은 임마누엘이라 하리라 하셨으니 이를 번역한즉 하나님이 우리와 함께 계시다 함이라" 마 1:23.

주님이신 우리의 하나님,

예수님은 우리를 높이시려고 낮아지셨습니다.
예수님은 우리를 풍요롭게 하시려고 가난해지셨습니다.
예수님은 우리를 하나님께 인도하시려고 우리에게 오셨습니다.
예수님은 우리와 함께 사시려고 땅으로 내려오셨습니다.
이 모든 것에 예수님께 감사하고, 하나님께 영광을 돌립니다.

성탄절에 우리가 육체와 영혼이 병든 사람들을 기억합니다.
성탄절에 우리가 장애를 가지거나 버려진 아이들을 기억합니다.
성탄절에 우리가 부모가 없거나 외로운 사람들을 기억합니다.
성탄절에 전쟁과 테러, 폭력과 죄악, 질병과 기근이 가득한 세상에 예수님의 평화와 사랑을 전하고, 이전보다 훨씬 더 밝고 아름다운 세상을 만들어 가는데 우리를 써주소서.

"지극히 높은 곳에서는 하나님께 영광이요 땅에서는 하나님이 기뻐하신 사람들 중의 평화로다" 눅 2:14.

부모를 위한 아이의 기도

"너는 네 하나님 여호와께서 명령한 대로 네 부모를 공경하라 그리하면 네 하나님 여호와가 네게 준 땅에서 네 생명이 길고 복을 누리리라" 신 5:16.

은혜가 풍성하신 하나님,
저를 신실한 믿음의 가정에서 태어나게 하시고, 부모님의 기도 가운데 자라게 해주셔서 감사합니다. 부모님이 저를 위해 드리신 기도를 하나님이 들으실 뿐 아니라, 저도 그 기도에 합당한 삶을 살도록 도와주소서. 하나님도 부모님의 기도에 응답하시겠지만, 저도 부모님의 기도에 응답하는 삶을 살기 원합니다. 저를 위해 드리신 부모님의 기도가 하늘 창고에 쌓여 제 인생에 필요한 순간마다 응답으로 나타날 줄 믿습니다. 저는 인생을 살면서 순간순간 부모님의 기도를 기억하며, 그 기도에 부끄럽지 않는 삶을 살겠습니다. 부모님에게 기도하는 법을 배운 저도 부모님을 위해 기도합니다. 부모님이 항상 건강하게 하시고 즐겁고 평안하게 살게 하소서. 저와 자손들이 잘 되는 것을 보시면서 자랑스럽고 보람 있게 인생을 살게 하소서. 저에게 복된 부모님을 주신 하나님의 은혜에 감사드립니다.

"자녀들아 모든 일에 부모에게 순종하라 이는 주 안에서 기쁘게 하는 것이니라" 골 3:20.

나가는 글

기도문으로 기도하는 유익함

　유대인들은 기도문으로 기도하는 오랜 전통을 가지고 있습니다. 지금도 예루살렘 통곡의 벽에 가 보면, 여러 기도 책들을 구비해 놓고 그것을 낭독하면서 기도하는 것을 볼 수 있습니다. 가톨릭은 다양한 경우에 해당하는 기도문을 만들어 놓고 기도문을 읽으면서 기도합니다. 종교개혁 전통 안에서 개신교도 공동 기도문을 만들어 교회 예배에 사용해왔습니다. 지금도 영성을 훈련하기 위한 공동체나 수도원에 가 보면 기도문 기도를 많이 합니다. 함께 드리는 기도, 기본적인 기도, 기도의 훈련이 바로 그렇습니다. 그러므로 기도문을 따라 기도하는 것은 새로운 것이 아닙니다. 오히려 우리의 기도의 숨결을 다듬어 주는 것입니다. 그러므로 이 기도문 기도는 고대 전통의 현대적 적용입니다.
　성경에도 많은 기도문들이 나와 있습니다. 시편의 시들이 그러하고, 그 외에도 아브라함의 기도, 모세의 기도, 한나의 기도, 다윗의 기도, 야베스의 기도, 사도들의 기도, 바울의 기도 등 그 수를 헤아리기 힘듭니다. 그 가운데 대표적인 것이 예수님이 가르쳐 주신 기도마 6:9-13입니다. 릭 워렌 목사는 오바마 대통령 취임식 기도를 인도할 때 주기도를 드렸습니다.

"내가 겸손히 내 인생을 변화시키신 예수께서 가르쳐 주신 기도로 기도하오니, 하늘에 계신 우리 아버지여, 이름을 거룩히 여김을 받으시오며…."

주기도는 모든 기도문의 모본입니다. 기도 중의 기도입니다. 어느 인간이 예수님이 드린 기도보다 위대한 기도를 할 수 있겠습니까? 기도를 받으시는 분만큼 기도를 잘 가르치실 분이 어디 있겠습니까? 그러므로 우리는 주기도를 통해 부단히 우리의 기도를 진단하고 처방받아야 합니다. 주기도는 기도의 클리닉입니다. 사실상 산상수훈의 중심은 주기도입니다. 이 기도문에는 예수님의 사역과 메시지의 요약이 오롯이 담겨 있습니다. 이 기도는 우리가 살아가야 할 길이기도 합니다. 예수님은 제자들에게 이렇게 기도를 가르쳐 주셨습니다. 많이 그리고 열심히 기도하는 것도 좋지만 바르게 기도하는 것은 더 중요합니다. 그리고 기도하는 내용을 바로 알고 기도해야 합니다. 주기도의 내용을 모르고 외우는 것은 중언부언하는 것이나 마찬가지입니다.

무엇보다 우리의 기도는 하나님의 영광을 목적으로 하는 기도입니다. 그러므로 먼저 하나님의 나라와 하나님의 의를 구해야 합니다. 그리하면 하나님이 다른 모든 것을 더하여 주십니다. "하나님의 나라와 의"마 6:33. 이것이 주기도의 요약입니다.

기도의 대상은 "하늘에 계신 우리 아버지"입니다. 하늘은 어디입니까? 이것은 온 우주를 말하는 것으로 하나님의 초월성과 무한성을 나타냅니다. 그리고 "우리 아버지"는 수직과 수평 관계를 언급합니다. 수직적으로는 하나님과 우리가 아버지와 자녀관계이고, 수평적으로는 우리가 서로 형제자매 관계입니다. 이것은 공동체와 예배가 우리 기도의 맥락임을 가르쳐 줍니다. 나보다 먼저 우리입니다. 이기적인 목적을 넘어 먼저 공동의 유익을 구해야 합니다.

간구 가운데 먼저 세 가지는 "하나님" 간구입니다. 하나님의 영광을 구하는 영적 축복입니다. 처음 세 간구가 필요한 이유는 우리가 하나님의 이름을 오용하고, 하나님 나라보다는 세상 나라에 집착하며, 하나님 뜻보다는 나의 뜻을 주장하는 현실에 살고 있기 때문입니다. 그래서 날마다 이 기도를 해야 합니다. 나를 하나님께 복종시켜야 합니다. 이 기도는 아직도 응답되지 않은 기도입니다. 현재진행형입니다. 이 기도는 하나님도 응답하시지만 우리가 응답해야 할 기도입니다. '하나님의 이름'은 하나님의 명예로 거룩하게 여겨져야 합니다. 이것은 십계명의 제 3계명에 대한 간구입니다. 이 기도는 우리가 성결한 자녀가 되는 것으로 응답될 것입니다.

'하나님의 나라'는 하나님의 통치가 임하는 것으로 복음의 핵심입니다. 이것은 우리가 하나님 나라의 백성이 되는 것으로 응답해야 합니다. '하나님의 뜻'은 성취되어야 할 것으로 겟세마네 기도에 나타난 십자가 정신입니다. 순종함으로 하나님의 뜻 안으로 들어가는 것입니다. 하나님의 이름, 나라, 뜻 대신에 나의 이름, 나라, 뜻을 구하면 이것은 '주의' 기도가 아니고 '나의' 기도가 되는 것입니다. 기도는 나를 높이는 것이 아닌 하나님을 높이는 것입니다. 사실 이 모든 것은 하나님 안에서 이미 완성되었습니다. 다만 이렇게 기도할 때 나의 삶에도 이루어집니다. 우리의 간구가 우리 자신의 번영이나 발전이 아니라 하나님의 영광이 되어야 합니다. 우리의 관심과 목적은 하나님의 이름을 높이고, 하나님의 나라가 임하고, 하나님의 뜻을 알고 이루는 것입니다.

우리는 주기도를 응용하여 전체적으로 또는 따로따로 떼어 하나씩 기도할 수 있습니다. "하나님의 이름을 높이는 삶을 살게 해주세요," "하나님의 나라가 나의 삶과 가정과 이 땅에 임재하게 해주세요," "하나님의 뜻을 따라 살게 해주세요." 이런 하나님을 향한 간구는 우리의 다짐입니다. "하나님의 영광을 위해 살겠습니다. 하나님의 나라를 이루겠습니다. 하나님의 뜻대로 살겠습니다." 이렇게 우리 자신이 응답할 기도입니다.

다음 세 개의 "우리" 간구는 물질, 사람, 영적 문제에서 하나님의 임재와 중재를 요청하는 것입니다. "우리에게 일용할 양식"은 공동체를 위한 기도로 공동의 양식을 구하는 것입니다. 양식은 생존을 위한 필수품으로 나를 포함한 하나님의 모든 자녀의 음식을 구하는 기도입니다. 만일 내게 많은 것들이 있다면, 일용하고 남은 것들이 있다면 나누겠다는 마음이 전제되어 있습니다. 하나님의 실천적인 사랑에 동참하는 것입니다. 기본적으로 먹는 양식은 하나님이 주신 것입니다. 가장 사소한 것처럼 보이는 것에서도 주님은 함께 계시고 채워주십니다. 그리고 '오늘' 필요한 양식을 구했습니다. 내일은 내일 구할 것입니다. 이것은 광야의 만나 체험에서 증명된 것입니다. 날마다 하나님의 은혜로 살겠다고 결단하는 것입니다. 일용할 양식은 육식의 양식만이 아니라 하나님의 말씀도 포함합니다. 초대 교회는 이 기도를 하나님께서 신령한 양식을 주실 것을 기대하며 드렸습니다.

"우리가 우리에게 죄지은 자"를 위해 기도할 때에는, 세상의 죄에는 나의 죄도 들어 있다는 것을 인정하는 것입니다. 세상의 죄를 말할 때, 나 자신의 죄를 먼저 말해야 합니다. 세상의 죄는 결국 하나님 앞에서 진 죄입니다. 하나님만이 그 죄를 용서하실 수 있습니다. 이 기도에는 다른 사람의 죄를 용서하겠다는 약속이 들어 있습니다. 용서하는 것이 얼마나 중요하면 주기도를 마친 후에 예수님이 이 대목만 별도로 부연 설명을 해주셨겠습니까? 마 6:14-15 참조

"우리를 시험에 들게 하지 마시옵고"에서 시험이란 우리를 하나님에게서 떼어 내려는 것입니다. 사람, 세상, 재산, 명예, 미움, 분노, 정욕, 질투, 교만 같은 것들이 교묘하게 들어와 하나님과 나 사이를 이간하려고 합니다. 이런 시험은 대체로 악과 연관되어 있습니다. 우리는 어리석고 약하기 때문에 스스로 이것을 분간할 수도 없고 이길 수도 없습니다. 여기에 하나님의 도움을 요청합니다. 이것은 무엇을 "해달라"는 것이 아니라 "하지 말아

달라"는 기도입니다. 예방하는 미래 지향적인 기도입니다. 우리가 요구하는 기도에는 현재의 양식과 과거의 용서와 미래의 보호에 대한 전적인 의뢰가 다 담겨 있습니다.

그리고 마지막에 송영이 나옵니다. "나라와 권세와 영광이 영원히 아버지의 것입니다." 이것은 하나님의 주권과 영광을 찬양하는 것입니다. 기도의 결론은 찬양입니다. 기도하는 삶은 결국 승리의 찬양으로 귀결됩니다. 기도는 시작할 때부터 이러한 마지막에 도달하도록 방향 지워져 있습니다. 기도는 응답됩니다. 그리고 찬양과 감사가 따릅니다. 아무리 절박하고 힘들고 고통스러운 기도도 결국은 찬양에 도달합니다. 그러므로 모든 문제를 찬양으로 바꿀 수 있는 것이 바로 기도입니다. 시편의 기도가 그렇습니다. 탄식하며 시작한 기도가 기도하는 과정을 통하여 회복되고 치유되고 찬양으로 매듭을 짓습니다. 기도는 어떤 문제도 정금으로 만드는 연금술입니다.

우리의 기도가 이런 주기도의 정신에 기초하면서 우리의 다양한 형편과 요구를 반영할 수 있도록 시편을 따라 기도하거나, 좋은 기도문들을 따라 기도하는 것을 권하고 싶습니다. 이렇게 기도문을 따라 기도하면 기도의 언어가 깊어지고 넓어지면서 우리의 영성도 풍성해질 것입니다. 이 기도문들로 인하여 우리의 기도가 더 풍요로워졌으면 합니다.

자녀축복 기도문
© 한기채 2013

1판 1쇄	2013년 12월 20일
1판 9쇄	2018년 2월 10일
2판 7쇄	2025년 9월 30일

지은이	한기채
발행인	조애신
편집	이소연
디자인	임은미
마케팅	전필영
경영지원	전두표

발행처	도서출판 토기장이
주소	서울시 마포구 동교로 71-1 2F
출판등록	1998년 5월 29일 제1998-000070호
전화	02-3143-0400
팩스	0505-300-0646
이메일	tletter77@naver.com
인스타그램	togijangi_books_

ISBN 978-89-7782-303-7

- 이 책은 저작권 법에 따라 보호를 받는 저작물이므로 무단 전재와 무단 복제를 금합니다.
- 이 책의 전부 또는 일부를 이용하려면 반드시 저자와 도서출판 토기장이의 동의를 받아야 합니다.

도서출판 토기장이는 생명 있는 책만 만듭니다.
"우리는 진흙이요 주는 토기장이시니 우리는 다 주의 손으로 지으신 것이니이다" (이사야 64:8)